赋能领导者

提升组织绩效的9个关键时刻

【芬】牛培生（Pepe Nummi） 著

李福学 龚斐 阎妮 译

中华工商联合出版社

图书在版编目（CIP）数据

赋能领导者：提升组织绩效的9个关键时刻 /（芬）牛培生（Pepe Nummi）著；李福学，龚斐，阎妮译. —北京：中华工商联合出版社，2020.1

书名原文：HANDBOOK OF FACILITATIVE LEADERSHIP

ISBN 978-7-5158-2686-8

Ⅰ. ①赋… Ⅱ. ①牛… ②李… ③龚… ④阎… Ⅲ. ①企业管理 Ⅳ. ①F272

中国版本图书馆CIP数据核字（2019）第284871号

ISBN 978-952-69073-0-7 (nid)
ISBN 978-952-69073-1-4 (EPUB)
Drawings: Oona Loman, Encore Digital Marketing Oy and. Agenda Helsinki Oy
Layout: Taru Tarvainen
Printed by CreateSpace
The simplified Chinese translation rights arranged through Zhiduhui Culture Communication.

北京市版权局著作权合同登记号：图字01-2019-7481

赋能领导者

作　　者：【芬】牛培生（Pepe Nummi）
译　　者：李福学　龚　斐　阎　妮
总 策 划：柏宏军
特约编辑：陆夏菁　马礼敏
策划编辑：楼燕青
责任编辑：楼燕青
营销企划：王　静　徐　涛
装帧设计：弘源文化设计部
责任审读：郭敬梅
责任印制：迈致红

出版发行：中华工商联合出版社有限责任公司
印　　刷：天津海德伟业印务有限公司
版　　次：2020年12月第1版
印　　次：2024年1月第2次印刷
开　　本：880mm×1230mm　1/32
字　　数：170千字
印　　张：9.5
书　　号：ISBN 978-7-5158-2686-8
定　　价：59.00元

服务热线：010-58301130
销售热线：010-58302813
地址邮编：北京市西城区西环广场A座19-20层，100044
http://www.chgslcbs.cn
E-mail:cicap1202@sina.com（营销中心）
E-mail:gslzbs@sina.com（总编室）

牛培生（Pepe Nummi）

关于作者

牛培生（Pepe Nummi）从1990年开始领导国际团队和虚拟团队，并从1998年从事引导师工作至今。他是芬兰引导师协会的第一任主席。牛培生是引导技术的开拓者，同时也是Grape People公司的创始人之一：一家专注于为世界各大企业提供引导技术培训和服务的公司。牛培生是点子交换法的发明者，也是《引导技术手册》（2007）、《虚拟引导技术手册》（2012）、《超越头脑风暴（理论篇）》（2016）的作者。在他漫长的职业生涯中，在二十多个国家提供引导技术服务，并培养超过一万名引导师。

译者序

在浩如烟海的管理类著作中，在万人传颂的领导力巨著中，这只是一本“小书”。我们想把它带给大家，不仅仅因为这是一本实用的工具书，更是因为这里探讨了一个非常有趣的话题：引导技术与领导力的关系。

在翻译的过程中，给我最直接的感受就是，这本书真的很牛培生。形象一点说，这本书总能让我联想到北欧纯净清澈的灰色调风景：安谧、理性、内敛、缓慢——慢得让我们这些在嘈杂的大上海生活惯了的人有些心慌。然而，这就是牛培生作为一个芬兰引导师的标签。他低调安静，娓娓道来，友善而中立。他像对待小学生一样，不厌其烦地复盘着那些你自以为都懂的重点。如果你是个急性子，最开始一定会觉得很无聊。但当你习惯了，就会发现这样的节奏很舒服，也很有效。

引导工具的书容易陷入枯燥无聊的窠臼，牛培生在本书中做出了自己的尝试。本书乍一看像一本简单的故事书，语言平实，线索单一，读起来毫不费力。本书的主体内容集中在第二章到第十章，记录了主人公苏珊娜如何根据工作需要，在不同的情境下设计并组织引导工作坊的。在第十一章中，作者单独拿出当下流行的虚拟会议的话题，对其进行了特别说明。在开头和结尾处，作者阐述了自己对于引导和领导力的关系的理解——在我看来，这部分内容是本书的精华所在，也是本书区别于其他引导工具书的地方。在这部分，牛培生带着读者逃离了工作中的鸡飞狗跳，让思绪飘向更高的维度，去接近“领导力”的本质。

这本书会带给你怎样的收获呢？首先，这本书的结构非常清晰，你可以看到完整的引导流程：签到、澄清现状、寻找解决方案、制定行动计划以及退出。每个环节结合九大情境的设计思路也一目了然。其次，这本书集结了热门的引导工具。牛培生已经很贴心地把它们用表格或者插图的形式展现了出来。所以，即便你没有时间阅读所有的故事，也不妨随手备一本，查阅起来会很方便。再次，牛培生结合自己丰富的经验，对一些方法和概念进行了优势和劣势分析，以便我们在工作中灵活取舍。更进一步地，这本书鲜明地提出了一个值得探索的观点：只有在个体层面创造对全系统的认同感和参与感，才是最有效的领导力；而引导作为一种带领团队共识目标、达成承诺的技术，必然在此过程中扮演着重要的角色。在未来的两三年中，我们期待和牛培生及业内同仁一起，对这个主题进行更深入的挖掘。

最后，感谢龚斐老师和李福学老师与我一起完成了本书的翻译工作。感谢读者赐予我们一次相识的机会。

阎妮

2019 年 7 月 6 日

推荐序

牛培生是引导型领导领域的大师。与很多撰写领导力书籍的作者不同，牛培生从未在公司担任管理者一职。相反，他的洞见都来自于他从事的企业引导师工作。二十多年来牛培生一直致力于帮助各种规模的企业和组织发展运营能力，以及通过引导技术提升领导力。毫无疑问，牛培生是引导领域发展的先驱，他在自身的实践中推动引导技术的发展。他把所犯的每一次错误都作为一次珍贵的学习机会，并毫无保留地将所获经验与他人分享。

牛培生的建议在我成为成功的引导型领导过程中发挥着至关重要的作用。当我成为 Grape People 的执行总监时，牛培生强调分享型的工作坊的确很重要，但一对一的会议对于领导者也同样重要。在那种场合中你才能真正确保事情在向正确的方向行进。

这本书是基于不同类型的会议和工作坊而撰写的，牛培生把其称作引导型领导的关键时刻。它们与其他领导力技巧一起促成了领导者的成功。在 Grape People，我们运用一套叫作“年度发展循环”的工具，某些引导的情境可以让其有预测性地重复发生。例如，我们会在八月份重新制定年度战略，所有员工都会参加。这是一个真正的全员参与的盛会，集合每个人的技能和观点创造下一年共同的战略方向和举措。公司的老板和管理层都全程参与,以至于后面的正式批准就是走个流程了。接下来的一年也与其相似，差不多每个月有不同的战略阶段会议、进展会议和各种工作坊。在年度战略会议后，我与每个人讨论他们今后六个月的目标。在本书中，牛培生详尽阐述了在这些情境中运用的一种很棒的辅导模式。之后，我们会在九月份再聚首，思考如何相互支持完成目标。第一次战略阶段会议在十月份，我们回顾八月份制定的战略开展情况，拓展解决方案，然后巩固和更新议程。作为议程的一部分，我们会提前几个月确定自己的发展工作坊，讨论改进战略方面的事情。本书会教你一个模式来引导类似的工作坊。这个能够预测的工作坊与会议框架被叫作“年度领导力循环”。本书会帮助你思考你的组织的年度领导力循环。我非常欣喜地看到，牛培生把这些年在领导情境中所运用的引导方法提炼了出来，并将其毫无保留地呈现给大家。

对于所有希望推动自己的员工和伙伴胜任力的领导者、

主管、经理和总监来说，这都是一本极其实用的工具手册，能帮助你持续提升绩效，并创建对共同目标的承诺。作为一名主管，是否不采用本书的建议也能带好团队？也许吧，但那是一条更长远的试错之旅。牛培生已经把凝结他几十年经验的旅程带到了你面前，将最有效的工具用最简单易学的方式一并打包，让你能马上高效运用这些引导型领导技巧。

Piritta van der Beek

2018 年 6 月 14 日

芬兰，赫尔辛基

目　录

CONTENTS

导 语

我们这次的旅程从 Fruit & Loading（以下简称“F&L”）公司的销售负责人苏珊娜和她的老朋友——同时也是一位职业引导者——乔治之间的一次对话开始。

当乔治和苏珊娜在享用早茶时，乔治的头脑里突然闪现出一个问题。他看着苏珊娜问道：“如果一头狮子和一头老虎相互搏斗，谁会赢呢？”

苏珊娜对乔治的“奇思妙想”早就习以为常了，这个随意的问题并没有让她感到猝不及防。她一边思考一边咀嚼着一块粉色的马卡龙。“嗯，我猜它们的个头差不多大。但人们的确把狮子称为‘丛林之王’，所以我想狮子应该能击败老虎。”

乔治大笑起来，因为他对这些事的了解比他最初提出的问题还要多。“在古罗马的决斗竞赛中，罗马人经常牵出一头狮子和一头老虎，让它们进行竞技搏斗。当然，罗马人会在这些竞赛中赌上大量钱财。对他们来说，这也是乐趣的一部分。

你猜怎么着，大部分的赌注会押老虎赢。”

这让苏珊娜感到有些意外，她抬了一下眉毛问道：“真的吗？”

“真的！”乔治解释道，“人们更看好老虎会赢，是因为当被放在一块儿搏斗时，相比狮子，老虎的天性更倾向于主动攻击。老虎会冷酷地直接杀戮，而狮子则更善于审视，更加内敛。所以，与老虎比起来，狮子算是友善的了。”

当乔治再进一步往下讲时，苏珊娜认真地思考了这些信息。

“五头狮子对五头老虎，你觉得哪一队会赢呢？”

“狮子那一队！”苏珊娜很有信心地答道，“我知道狮子是群居动物，他们在一起时会很好地合作，而老虎则更喜欢独来独往。”

“完全正确，苏珊娜！这让我想起了鹿特丹动物园那个著名的故事。1934 年，动物园买了一些狮子和老虎。当动物园在给它们准备不同的住处时，它们会先被放到相互离得很近的临时住所内。不幸的是，这一做法让它们都变得异常狂躁，最终导致了一场血腥的搏斗。”

苏珊娜一边听一边忍不住想他们美好的早餐谈话怎么会突然变成历史上“大猫”间的搏斗，她的思绪开始有些飘散了。

“注意听我讲，苏珊娜。我保证我讲的故事是另有深意的。总之，一头狮子和一头老虎打了起来，但是这两队动物的差异在这儿：当搏斗开始时，只有一只老虎是真正参与搏斗的，其他老虎看起来都无精打采的，而每头狮子却都参与到了搏斗中，最终它们杀死了那只老虎。”

苏珊娜倒吸了一口凉气，这次早茶的谈话变得有些血腥了。

乔治越说越兴奋：“而且狮子们并没有就此罢手！它们不断侵入老虎的领地去攻击剩下的老虎，一头接一头，直到杀戮任务彻底完成为止。狮子们的行动同步成一个集体，它们专注于共同的目标，强大而统一。老虎那一队就这样被一一消灭了。”

随着早茶时间的继续，苏珊娜把谈话转到了轻松一些的话题。直到几周后，她才意识到乔治并不是在谈狮子和老虎，而是在谈工作。

在工作中，你能辨识出很多不同类型的动物：莽撞、直冲的公牛，能撞碎一切障碍物；快速、灵巧、安静而不易察觉的兔子；一两只喜欢待在办公室里的考拉……

处于动物链顶端的是领导者，他们控制着组织环境。老虎型的管理者或领导者也许能够达成目标。他们知道目标和战略，该环境中的每个人必须服从和顺应。这能带来结果，但这种从上往下的方式过时了。狮子型的领导者很团结，他们会为了共同的目标而努力工作，他们相互了解需求并主动提供帮助。这本书就是告诉你如何形成和维持一支高效团队以达成共同的目的。

成千上万本书宣称能让你高效领导，这些书籍中的很多信息的确已被证实有效，但大部分都有一个致命的缺陷：它们提供的是领导个人的技巧和工具，而非团队——它们只是在培养老虎。

还有另外一种领导方式：引导型领导。引导型领导是一种用参与的方式领导团队。它致力于在个体层面建立对全系统的高度认同。一旦这个目标达成，团队动力及成员间的协同毫无疑问会自然出现。它能帮助团队中的每个人相互理解目标并精诚合作，反思和调整工作流程以形成共享的工作方式。

当人们聚在一起直接交流而非各自为政时，他们就能很快创造出一种协同的文化。本书没有像其他书那样聚焦于领导者的能力提升或帮助他们管理每个人。相反，本书通过说明和展示如何有效引领团队，为领导力描绘了一个更为全面而平衡的画像。

这本书并不认为所有的领导情境都需要引导技巧。相反，它囊括了九个关键的领导时刻，并展示了在每个情境中领导力工具和技巧的具体运用。采取什么行动让共同目标更好地被理解？怎样组织会议以创造出最好的团队动力？如何用系统化领导将主题、目标和任务整合在一起？这些问题都将在各章节的不同情境及具体分析中一一得到解答。

本书的案例来自我们的朋友苏珊娜的故事。她是一位就职于名为 F&L 的物流公司的经理和团队负责人。该公司位于伦敦市中心一幢大厦的 23 楼。苏珊娜的故事围绕着她在团队中所面临的领导情境展开，包括部署公司战略、头脑风暴、处理人际冲突及其他领导情境。这些情境让苏珊娜有机会去检验和处理团队领导者们最常碰到的挑战。本书的每一章节都展现了一种常见的领导情境，并给出了实用的解决方法。最后几个章节总结了在虚拟情境中所需的一些技巧以及如何系统地运用这些工具。

本书介绍了如何在虚拟环境和面对面情境下领导团队。当人们聚在一起时，领导力特别容易起作用，这也使得会议成了关键的领导机会。糟糕的会议做法会损害传统的面对面的商务交流，在进入高科技的虚拟世界后还会让情况变得更糟。在虚拟情境中，会议负责人控制力更弱，这也让与会者更有可能失去注意力开始做其他事请,而非专注于如何为会议带来贡献。但你能怪他们吗？很多虚拟（线上）会议就是让与会者干坐着，听着远方传来的模糊不清的声音。会议中没有参与，他们只是等着轮到发言。在传统的面对面会议中有良好效果的领导力技巧和工具在虚拟环境中未必会同样有效，有时还会导致方向迷失、无效领导。这本手册展现了在虚拟环境和传统的面对面环境下，领导者们面临的挑战。

本书中九个引导型领导的关键情境：

· 启动会议
· 实施目标
· 支持目标实施的辅导
· 问题解决工作坊
· 关键影响人沟通计划
· 团队发展：提升相互协作
　　　　　　商定基本原则
　　　　　　庆祝成功
· 进展会议

最后，这是一本致力于促进团队绩效的书。没有合适的领导力工具的正确应用，团队成员就无法全面发挥出潜力。

HANDBOOK OF FACILITATIVE LEADERSHIP

第一章

什么是引导型领导者

苏珊娜的烦恼

在伦敦市中心的一家咖啡店里，苏珊娜一边用午餐一边向乔治倾吐着最近的挫折感。

“乔治，我陷入困境了。我实在没时间来应付工作中所有的事。最糟糕的是，我做得越多就有越多的事情等着我去处理！有时，我把任务分配下去，想着这会让我有更多时间去做别的事，但是每发一封邮件就会有 10 个问题回到我这儿。比这更要命的是，我的老板要求越来越高。他总是督促我要变得更有企图心，要超越现有的产出！我快疯了！我想也许我应该做个种苹果的农妇而不是什么生意场上的女强人。”

听到农妇，乔治大笑起来。他知道她连去商店买苹果的机会都很少，更别说种苹果了。“做个农妇是不错，但到了乡下远离人烟的时候，我想你会怀念伦敦的。不管怎样，跟我再谈谈这个问题，工作中究竟发生了什么？”

“我现在领导的销售队伍分散在不同国家，跨了好几个时区。我喜欢我的团队，团队里的人没有问题。问题在于要花多少时间去管理他们！有一次，我花了一整天和几个关键客户在一起解决他们的问题。当下午打开我的电脑，我看到了45封新邮件！他们都想得到我的某种回复或帮忙，或就是要我了解情况。这就花了我三个多小时。”

乔治沉思了一下，先给出了个解决方法：“那你能先把邮件看一遍，晚些时候再回复吗？”苏珊娜对乔治有些“幼稚”的建议笑了笑。“我也希望这样，但它们都是紧急的事。有个爱丁堡新来的销售一天内就给我发了14封邮件。他加入我们团队才一周时间，目前看来他是个不错的家伙：有好奇心，热切地想学习新东西。在客户那儿也取得了很大的进展，但他有没完没了的问题。不管他将来是个多么优秀的销售，但他现在确实占用了我太多的时间。”

乔治继续问道：“你的团队很大吗？”“也不是很大。我们有12个销售，还有三个销售助理负责销售的出差和会议事务。”乔治开始了解苏珊娜面临的情况了。“好的，所以你监督所有的事？你负责协调他们所有的工作？”“是的。”苏珊娜说，“但这只是开始。”

乔治没明白她的意思，就请她详细说一说。

苏珊娜接着说道，“我现在谈的是那些必须协作的部门：生产，市场，物流，研发……。今天市场部突然签了一笔大的销售单子，这是好事，但这不是他们的工作！物流部似乎无法将货物交付给一个关键客户，生产部抱怨他们的产量跟不上我们的销量。但是，所有这些都比不上最头疼的那个问题——我的老板伯特。”

乔治发现苏珊娜的脸色变了，显然是有些生气了，于是便请她放慢速度，只谈一件事：“为什么你觉得你老板伯特是个大问题呢？”

苏珊娜看了看乔治，深吸一口气，准备列出她和老板之间所有的问题。“他认为我应该展现出更多领导力，因为新的政策有变化而他大力推行的战略实施进展没有达到他的预期。他想让销售团队提升拜访客户的频率，但大家确实没有时间。我恨我的老板，他根本就不理解我们做的事情。他与我们的现实工作情况彻底脱节了。想象一个陌生人走进你的房子开始告诉你应该怎么布置家居。这就是他的主意带给我们的感觉。他甚至不切实际到把我送去参加一个领导力培训班！你要知道有一个培训班上居然说‘成为一个好老板’或者‘多去理解员工，多给他们一些时间’。所有那些泛泛而谈的垃圾根本不适用于这个现实世界。我没时间去提升，我只要人们闭上嘴，做好我要他们做的事——包括我的老板。”

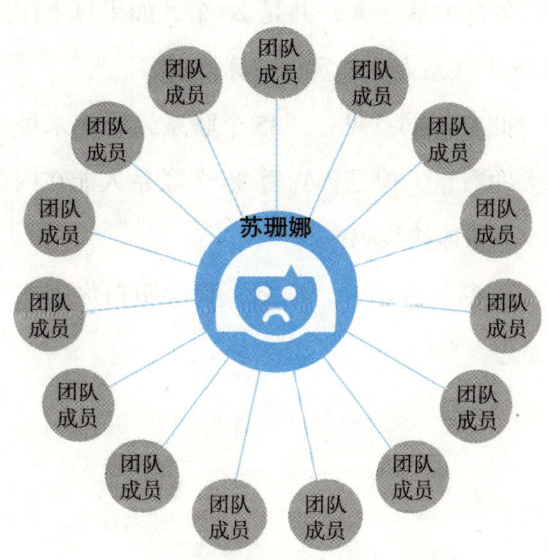

图 1-1　苏珊娜及其团队的组织结构图

乔治对苏珊娜时不时表现出的沮丧早就习以为常了，但刚才的那通爆发还是让他有些吃惊。"哇哦，我能看出来你现在不好过。没有来自上面的正确领导和方向，是很难做好自己的工作的。你有被要求与你团队之外的人员和客户交往吗？在你团队之外有多少关键的联系人？"

"我每天都得和团队之外的人员沟通，包括关键客户、其他公司部门和一些工厂的代表。"苏珊娜停下来计算联系人的数量。“外部的联系人一共是 20 个，如果算上团队内部一共大概有 35 个联系人，其实也不算特别多。”

乔治对此有不同意见：“35 个联系人看起来可能不是一个特别庞大的数量，但是你知道 35 个联系人能在内部群体里产生超过 500 条连接线吗？”

苏珊娜打断了乔治：“抱歉，我没明白你刚才说的连接线是什么意思？”

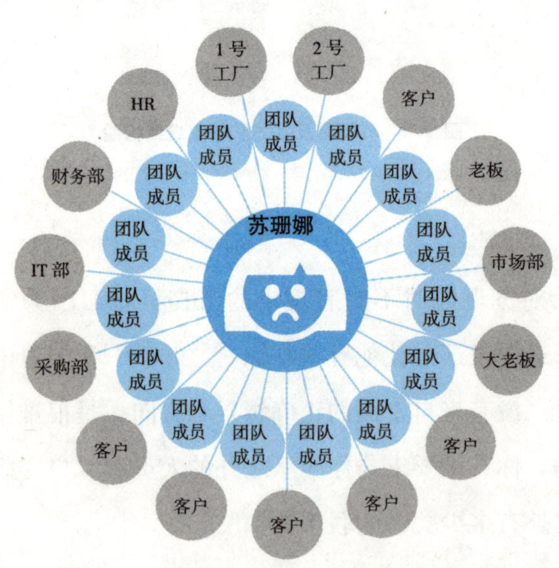

图 1–2　苏珊娜和她的联系人

管理太多连接线：为什么领导者这么忙？

乔治开始解释道："好，就拿你和我现在谈话来说。只有一种可能的连接线：你对我。现在再加一个人进来——我们把她叫作玛丽。我能跟你交谈，我也能跟玛丽交谈，最后你能跟玛丽交谈。三个人的群体中就有三条连接线。如果你加入第四个人，那么就有总共六条连接线。像这样，连接线呈几何级数增长。如果我们把群体人数增加到35人，这时就有几百条连接线了。"①

乔治对连接线的解释让苏珊娜突然明白了这个原理是怎么影响她的工作的。"我懂了，乔治！让我工作这么忙的原因不是那35个联系人，而是他们带来的超过500条连接线！对管理工作来说，这太多了！"

乔治表示同意道："难怪你工作压力这么大感觉没时间。你现在能管理这么多连接线真是一个奇迹啊！"

---

① 在此例中连接线的准确数量为595条，连接数量随着团队人员的增加呈指数型增长。

苏珊娜对此赞美苦笑一声，道：“我必须说这也并非全是坏处。我有机会处在人们之间让我对工作决策有了一个全面的感受。当与我的老板伯特交谈时我能听到来自上面的想法，我也能马上与我的团队沟通，所以我也能知道想法传递到团队后的接受度如何。有时只有你能接触到所有这些信息的感觉还真不错。”

“而且人们会为此感谢你的，苏珊娜。他们想要安全感，他们想要知道有人在负责。”

“这是我作为团队负责人的工作，而且这也是作为领导者应该做的，不是吗？有人在负责控制团队。”

“是的。但这只是作为领导者的一方面。除了成为信息中心和决策者，领导者还有很多其他方面的工作。当我听你在谈论工作中面临的问题时，我知道这些对你来说有些难于理解。但这不是坏事，苏珊娜。毕竟，解决问题的第一步就是承认问题的存在。”

引导型领导

几个小时过去了，乔治和苏珊娜还在不断深入地交谈着。乔治在向苏珊娜解释，她的团队成员过于依赖她作为信息给予者的角色。他提议她采用一种截然不同的做事方式，这能有助于解决现在的问题。

“苏珊娜，我们先退一步，谈谈什么是真正的领导力。有成百上千种领导力的理论和相关主题的书籍，但没有一个普遍认可的定义说明它到底是什么，好在对于领导力还有一些广泛认可的观点和看法。比如，很多书籍和理论都同意领导力是关于‘专注’的。还记得一群狮子一起击败老虎的故事吗？这是优秀的领导者可以给他的团队带来的一种专注。你作为团队领导者的作用就在于给团队指明方向并不断前进[①]。当我与一些组织合作，询问人们关于他们的目标时，我得到了各种各样

① 在本书第三章关键时刻2：目标执行工作坊，会对如何澄清目标并规划行动步骤做详细介绍。在本书第十章——关键时刻9：进展会议，会对如何维持目标做详细介绍。

的答案。当人们失去了方向就失去了诸多前进的动力。”

苏珊娜觉得自己没有听到任何重要而新鲜的内容。“这些我都知道，乔治。这也正是我在做的：让团队专注于他们的任务和目标。毕竟这是最基本的要求，不是吗？”

乔治没有被她“我都懂”的态度所阻挠，继续阐述他的观点：“你也许已经在做这事了，但这里的关键在于你如何影响团队成员达成目标。领导者之间最大的不同——如果用狮子和老虎做类比的话——在于他们是如何做出决策的。一头老虎从头到尾都是自己单干，它们自己做决策，它们把任务分配给下属完成，它们跟进每个执行者做的所有事。老虎相信它们可以通过下指令来让人们保持专注。狮子则截然不同。狮子是一位引导型领导，它会帮助团队中的每位成员一起做决策。引导型领导帮助人们看到整个画面。当一位成员看到了更大的画面，团队就会对情境有更加全面和真正地理解。而这种真正地理解会提升团队对于目标的专注力。”

苏珊娜安静地思索着刚才乔治所说的话。她明白乔治的意思，但心中仍有疑虑。毕竟，员工不就是应该听从指令，完成交给他们的工作任务吗？“乔治，我的员工真的需要这种‘真正地理解’来做好工作吗？”

“也许不用，苏珊娜。但这就回到了你每天都没有足够的时间来做事的问题上来。记得你不断收到的邮件吗？真正地理解是一种能力，它能让员工主动地去完成每天的工作，并专注于工作中最重要的事情。一个有良好领导的团队不只会服从指令。相反，由于他们对更大的画面非常熟悉，他们会自己排列工作事务的优先顺序并决定如何最好地使用他们的时间和精力。高绩效都与达成理解、方向和协同一致有关。是不是团队内部所有的信息交流和指引都要通过你？如果每个人都理解了大画面，人们就能自己管理连接线，并直接与内外部的关键影响人相互交流。

苏珊娜仔细想了一会儿说："我的确看到了引导的方式能如何帮到我的工作。是的，它能解决我现在处于连接线中心的问题。但是我如何确保火车的前进方向是正确的？如果每个人都能决定他自己要做什么，如何确保他们会协作？我仍旧需要进行控制。毕竟，乔治，我之所以是他们的老板是有原因的。"

"当然！而且你要确保所有团队成员都面向正确的方向。这就是你最重要的作用。但是，确保团队一致除了发布指令，还有另外一个方法。"乔治反驳道，"你可以与团队成员沟通目标，然后让他们自己设计、协调行动计划。这是提高团队合作的非常好的方法。"

"我明白你的意思。"苏珊娜点头说道。

"那么，为什么团队层面的沟通如此重要呢？"乔治自问自答道，"因为工作高效的必要条件就是团队成员之间的工作配合度高。工作配合度就要求各项任务内容和目标相互协调，这样就能排除障碍，创造集体层面的高绩效。"

苏珊娜思量着乔治的话，回复道："就是说，如果大家的工作协调一致，大家的工作动力就有可能提高，也就不需要上级太多的监管。"

传统领导模式的优势与挑战

传统领导模式的优势

· 经长期实践验证

传统领导模式的挑战

· 员工看不到全局

· 无法促进员工自我领导

· 员工无法很好地参与决策制定，导致承诺度不高

· 由于领导太忙，不能处理每一个细节，组织在面对复杂状况时效率低下

“非常正确，苏珊娜！重点就是让员工充分理解公司的目标和战略方向。作为团队领导，你需要对这个系统有一个全面的了解。当你这么做时，你就在打造一个可以根据需要自行调整工作优先顺序，在各个项目之间灵活流动的团队了！高效的领导者会确保团队内部自发的沟通，优选重点工作，聚焦重要目标，而不是由管理者介入每一件事情。这听起来有点困难重重，但事实上并非如此。你可以用一些简单的工具和步骤来实现。”苏珊娜开始有了兴趣，但她依然有些担心。“你是说，作为领导者，我要一直确保集体层面上的共识，对吗？这个想

法听起来不错，但在实践中，这只会为我带来更多的工作和更少的时间，不是吗？”

对于苏珊娜的怀疑，乔治并没有指责之意，反而继续说服道：“不是的。因为，当你在团队中创造了共同目标并达成共识以后，大家就可以自主地管理工作、协调步伐了。你的工作就会减少很多，你甚至可以在上班的时候做白日梦——在沙滩上喝冷饮了！

在沙滩上放松自在的景象吸引了苏珊娜的注意力。她连忙问道：“那么，作为引导者，你的工作就是使用引导型领导力的工具和方法吗？”

引导型领导模式的优势与挑战

引导型领导模式的优势

- 激发员工自我领导的能力
- 帮助员工看到、理解全局
- 通过让员工参与决策，增加员工的积极性和承诺度
- 帮助员工之间就不同任务进行协调
- 引导式会议促进创新和新想法的诞生
- 高效处理复杂状况

引导型领导模式的挑战

· 允许员工发散思维创新，可能会引发一定的混乱

· 需要有效的引导技术解决集体决策可能带来的混乱

担任引导者的角色

“是的。让我们想象一下，现在有 15 个人在一个房间里，每个人都在诉说自己的焦虑并提出自己的问题，那该是多么混乱的场面啊！这根本行不通。缺乏指引的团队是不能高效工作的。为了让团队成员合作顺利，引导者手上应该有一套方法和工具，可以帮助团队找到解决方案，同时确保每一位成员都负责地参与进来。”

“这些工具容易学吗？不需要学几年吧？”

“别担心这些工具，苏珊娜。这是小事一桩。”乔治回答说。“最大的挑战在于承担一名引导者的角色。”

对于乔治这番关于引导者的话，苏珊娜并没有完全领会，于是问乔治为什么这是困难的。

“领导者最大的难题在于要时刻保持中立。传统形式下的会议是领导者主导型——你一定了解这种会议，苏珊娜。在这种会议中，整个过程由领导者把控。他们是呈现报告的人，也是呈现信息的人；他们决定着会议从一个议程转向另一个议程的时机。在这个过程中，领导者承担了两个角色：一是负责会议的讨论内容；二是负责会议的走向。其实，同一个人不可能在两个角色之间跳来跳去。有时候，领导者会把精力集中在会议探讨的内容上，于是就忘了关注会议过程是否按照计划进行着。完全由领导者主导的会议对于制定决策或许有帮助，但是，通常而言，领导者说话的时间占据了 70% 的会议总时长。”

苏珊娜并不认为领导者主导会议有什么错误，便反问道：“但是，那就是领导者该做的事情，不是吗？他们需要说很多话，才能让大家了解方向、采取新的步骤和行动计划。”

“你说的有道理。但是还有一种更好的方式。在上述会议中，如果领导者滔滔不绝地讲，参与者会认为他们是在被告知信息，这就会产生浪费时间的感觉。很多人都像你一样，总觉得工作时间紧张，所以他们就在会议室里做起了其他事情，而不是积极聆听其他人的发言并参与会议讨论。在很多情况下，开会之前就已经对议题做出了决定，没有人期待与会者给出评论或提出问题。”

“我知道这种方式不是最好的，但却是工作中通常的状态啊！事情就是这样运作的。”

作为引导者，乔治对苏珊娜关于“工作中的通常状态”的言论表示反对：“但是我认为，会议没有必要这样进行。如

图 1-3　应用引导技术的价值：混乱可以转变成秩序

果我们都相信‘工作都是这样做的’，那就没有迭代创新可言，我们依然停留在发传真的年代。新的工作方式和创新行为是促进发展的动力。我们就拿引导领域举例。引导者是一个截然不同的角色。他们在会议中带领团队前进，然而对内容保持中立。这个中立的角色是领导人很难实现的，但的确是会议和工作坊质量的保证。”

“引导者需要保持中立。所以你的建议是，之后我不要再指示我的销售团队做什么了。这已经听起来挺困难的了。”苏珊娜叹了一口气。

乔治尝试着让她放松下来，便说道：“这对你来说或许是一个巨大的变化，但是在引导团队的时候，发号施令是错误的做法。我认识一位大型工程机械公司的领导，他拥有世界上最聪明的专家为其工作。然而在管理会议上，他总是统领整个会议，说最多的话。试想，既然他雇用了这么多专家，为什么不让自己后退一步，多听听专家们怎么想的呢？”

“你说的也有道理。但我不可能一直保持中立。毕竟我有时候还是要支持某些想法，推动一些项目。我的老板伯特可是在不断地给我压力，要让我达到各种目标。不过，如果你可以给我一些方法，让我去影响团队，而不是控制他们，我是可以接受的。”

乔治咧嘴笑了笑，道：“非常好，现在我们总算有了些起色。请相信我，当你放弃了作为会议主要发言者的角色时，并不意味着你的影响力减少了，也不会减弱你的领导力。事实上，世界上的很多商业领袖都要学习如何更多地专注于会议过程而非讨论的内容。随着更多组织在世界范围内的延伸以及越来越多的人通过线上办公，这已经变成了一个必不可少的技能。”

“行，听你的！那么，是不是一个运用引导技术的领导，就等同于一位引导者呢？”

乔治马上打断了苏珊娜的话：“当然不是。领导者只在必要的情境下运用引导技术。我把这些情境称为‘关键领导力时刻’。对于了解引导技术的领导而言，引导者的角色只是暂时的。他们在不同的情境下可以戴上不同的帽子——想必你对这些角色已经非常熟知了。然而，引导者一般由企业从外部聘请，用来协助会议或解决冲突。引导者是100%中立的，而且只关注过程。”

表 1–1　引导者的任务

内容（×）	流程（√）
100% 中立	帮助大家集思广益，整合想法

“所以，我唯一的选择就是尝试做一个中立的会议引导者了？”

“我的建议是，你首先尝试着做一次引导者，然后你会发现你的团队成员可以想出很多好的主意，做出许多好的决定。你也可以尝试其他操作：自己放弃做引导者，而选择另外一个人担任此角色；你还可以充分利用检查站——每个引导阶段都会有一个检查站，比如在团队澄清了挑战之后，你可以继续补充自己的挑战，从而把大家的想法和自己的想法连接在一起；或者，在提出解决方案的环节，当团队提出解决方案后，你也可以把自己的想法与团队进行连接。这些方法有一个共同的秘密：需要有一个人保持内容的中立，管理整个进程。”

“你真是一个推销大师，乔治。你让我对‘检查站’的概念充满了兴趣。但是，如果我引导团队做出来的行动计划并不是我赞同的，要怎么办？”

“你依然有权利增加或删减最终计划里面的条目。毕竟你是老板，如果最后达成的计划都没得到你的认同和承诺，那又有什么意义呢？你只需要告知团队，你感激大家的努力，并解释为什么没有采纳大家的意见。”

领导者高效引导的方式

- 相信团队可以找到最佳方案。你的角色是引导者，并且只关注进程
- 把引导的任务授权给另外一个人
- 会议最开始就运用引导技术。如果需要分享自己的想法，只在每个引导步骤结束的时候，对讨论内容做评论

图 1–4　领导者的高效引导

“这么说来一切就清晰了。谢谢你，乔治。”

乔治继续向苏珊娜解释自己对于领导力的看法：“事情的核心在于引领团队。这与传统的领导模式迥然不同。在传统的方式中，这些所谓的正确结论是自上而下传达给员工的。作为领导人，你不需要自己想出所有正确的答案，你要做的是思考如何帮助团队成员一起寻找答案。这两者的思考层面是不一样的，所以有些管理者会感到困难。”

乔治这番关于由传统领导方式到引导团队的演变的言论，让苏珊娜产生了一丝担忧。她皱起眉头问道：“所以，你想说的是，我不一定能做到？”

“哈哈，不要担心。我会一步步帮助你的。”乔治赶忙安慰道。

虚拟引导技术

现在乔治已经向苏珊娜解释了很多引导型领导力如何运作的道理。苏珊娜也认为自己可以学会——关键在于她想学。然而，她的心里还有一片乌云，这可能会摧毁前面讨论的所有成果：大部分时间她都是通过网络与团队沟通的，乔治的方法适用于虚拟环境吗？

“乔治，你已经讨论了很多关于团队和引导技术的问题。但这些都需要组织会议或者工作坊，对吗？但问题是，我的团队散布在欧洲各地。我们都是通过电话开会，让下属听到管理层的报告。这种类型的虚拟会议，是很难引导的吧？”

“不见得！我已经帮助成百上千个团队在虚拟环境中召开高效会议了。”

此刻的苏珊娜，不禁为朋友的能干而羡慕不已——乔治对所有问题都有办法！“好吧，乔治。你真是一个引导大师，不管真实环境还是虚拟环境都处理得游刃有余，但我不确定自己能否做到。”

乔治哈哈大笑起来：“谢谢你的赞美，虽然我听到了一些不一样的味道。其实我不是完美的——没有人是完美的——我也有引导失败的时候。”

“乔治毕竟不是完人。”苏珊娜暗自思忖着，她催着乔治透露更多细节。

“有一次，我的一个客户对线上会议的质量不满意。他们的团队包括五位区域经理和行政管理人员。每周，他们都会在线上开会，讨论工作进展。公司 CEO 定时与大伙单独开会，询问每一位区域经理目前遇到的问题，了解该区域的业务情况，这时其他的区域经理就在一旁等待着。很多经理都表示讨厌这个每周一次的会议，因为浪费了太多的时间。我曾向这位 CEO 解释过如何采用一些技术，让线上会议变得高效活泼，但他并没有采纳。他不喜欢在会议中调动参与性，他认为团队成员如果相互表达观点或同时就一个问题讨论的时候，意味着争执也就开始了。”

苏珊娜思考着乔治的故事，说道：“所以这位 CEO 想控制一切，做一个秩序官？这多么愚蠢啊！”

“也不完全是愚蠢的。有时候，控制可以起到作用。尤其当工作环境比较简单，公司政策的执行状态容易追踪，或者不同的团队不需要太多合作的时候。但出于控制目的产生的现有领导方式，在虚拟环境中不具备操作性。试想，你怎么能让对方干劲十足，如果他远在千里之外，而你们只在定期组织的低效线上会议上见个面？这是不可能的。所以，我坚信在虚拟环境下，领导力无法通过控制施加影响。我们需要的是透彻的相互理解和内心强大的动力。”

“这听起来很不错，乔治。那么会议效果呢？你能说线上会议能与面对面的会议一样好吗？”

苏珊娜的问题有点尖锐，乔治思考了片刻。他斟酌着用词，最后回答道：“会有一些挑战，不过我相信可以做到。技术解决方案不会是完美的，毕竟无法替换现实世界带来的感受，但是线上会议的确在某些情境下更有效。这些年，我引导了数百次线上会议，我发现，人们在网上会更加直接，态度更加开放。这让会议时间大大缩短，从而促进了会议产出效率。这不是很好吗？”

“有点意思。在社交媒体上，我也看到过同样的规律。”

乔治点了点头，说道：“是的。如果你能花时间好好熟悉各种虚拟会议平台，你会发现它们用起来很方便。毕竟在当下这个年代，线上会议技术非常普遍，也很容易寻找。一个非常重要的功能是，线上会议要提供一个白板，供大家写下自己的想法，并可以集体挑选最好的想法。另外，许多平台允许在主会议室下分出各个小会议室，供与会者讨论不同主题或小组活动。这真是非常棒！”

虚拟会议平台最重要的几个功能

白板（或者其他工具，能够让所有参与者同时写下想法）

· 视觉化；优选好的想法

分会场

· 小型分组活动

苏珊娜被说动了。她现在急于跳过这些泛泛之谈，开始学习真正的引导技术。“好的，我明白了。引导技术既可以用于虚拟环境也可以用于现实环境中。现在，请告诉我如何操作吧！”

总 结

本章节主要介绍引导型领导力的概念，即一种调动、引领团队，帮助团队进行决策的管理方法。当团队成员在同一时间被带入同一个情境并要求一起决策的时候，他们会对这个决策的宏观背景有深入的理解，也就能够更好地协调自身的工作，进行自我指导。鉴于大范围内沟通非常困难，引导型领导力的作用也就成为胜败的关键。

通过运用引导型领导的方法，你会发觉让团队专注于目标变得简单，绩效障碍更容易清除，大家的行动更容易统一，同时，团队的凝聚力也增强了。这些都可以让团队绩效变得更好。在线上会议中，如果能选择正确的平台和方法，也会起到同样的作用。

现在，让我们来看看如何操作吧！

几句话概括引导型领导者

一个引导型领导者

- 帮助团队集体决策，从而促进团队成员相互学习；确保团队成员做出承诺，承担责任；确保制定的决策和行动计划具体可行
- 参与决策制定过程，若自己不认同集体的决策，要坚持说“不”
- 不是所有的事情都要通过引导解决。专注于那些对组织成败有关键影响的、需要团队成员的承诺、需要相互学习才能完成的事情上（这些事情在本书的每个章节均予以体现）
- 对讨论内容保持中立。这样才能确保集体的高效率和高参与。这个引导的角色，也可以指派给其他人

HANDBOOK OF FACILITATIVE LEADERSHIP

第二章

关键时刻 1：启动会议

引导技术应用初体验

距离上次与乔治探讨领导力与引导技术的关系至今已经有六个月了。这期间，F&L 公司蓬勃发展，苏珊娜作为公司的销售经理，已经学习了许多关于领导力和引导技术的课程，有了一个好的开始。目前，她已经在工作中引导过很多头脑风暴活动、战略会议和一般性会议。

商业环境也在变化中。不幸的是，变得恶劣了。社会处于经济危机中，不确定的因素笼罩着公司。没有人知道未来是怎样的。公司内部暗涌着怀疑和不稳定的情绪，面对危机，高层不得不调整重心，从产品开发转移到关注目前的问题上，紧急会议经常召开。财务的紧张状况甚至迫使苏珊娜的老板伯特以及公司总监波特曼在全公司范围内颁布禁令，禁止新的培训项目和员工出差。伯特是一个充满热情的人，他热爱水果和明智的商业决策。公司对他来说非常重要，因此他总想知道公司发生了些什么事。他对员工的要求很高，但他是公正的，当他错了的时候，他愿意倾听理性的声音。

一个潮湿的周一早上，苏珊娜正在桌旁小口抿着苹果茶。虽然有很多工作要忙，她的眼中却显露出空洞，盯着电脑屏幕走神了。突然，她的电话响了起来。虽然周围的人都忙得不可开交，但她的电话已经沉默了一个多小时了。

电话另一头传来了声音：“嗨，苏珊娜！”苏珊娜一边诅咒着自己的坏运气，一边尽量让自己的声音听起来显得很兴高采烈。电话那头的声音不是别人，正是那位精力充沛的、偶尔合作起来有困难的老板伯特。

“你知道，公司颁布了出差禁令，销售人员需要召开一个应对经济危机的战略会议。今天我在电梯上听到POWERLINE公司的人在讨论线上会议的事情。”

“线上会议，真令人头疼！”苏珊娜一边默默埋怨着，一边听伯特继续说。

“公司里现在人心惶惶。关于公司新政策的流言不止。大家都在担心预算会削减，销售指标会增加。财务部的罗布森和我刚刚做了数字上的预测，看来我们不得不撤销圣彼得堡和塞维利亚两个办公室了。你现在就去安排与销售团队的会议，希望我们可以提出一些建设性的策略。但记住，我们没有钱把销售人员都请到公司来，所以这次会召开线上会议，由你来引导主持。”

以往出现这种情况，整个销售团队会从各地来到 F&L 的伦敦总部。苏珊娜组织工作坊，就目前的各种问题进行讨论。这样，所有团队成员有机会仔细思考，就新的变化及可能的解决方案谈谈感受。

“再见了，咖啡休息和惬意的闲聊时间！”苏珊娜一边思考着伯特的要求，一边在心里暗暗说道。让苏珊娜真正郁闷的，并非失去了宝贵的咖啡休息时间，而是不能用熟悉的方式组织工作坊了——她习惯于做笔记、画画、在白板上把重要的信息和观点写下来的方式。她知道如何在面对面的情况下主持会议。“难道伯特没有看到之前的高层启动会有多么成功吗？”她不禁暗自埋怨道。苏珊娜对组织线上会议没有任何经验，更糟糕的是，曾经那些技术失败的故事让她心存阴影。使用新设备对苏珊娜而言一直比想象中困难，而且每次都会遇到各种麻烦。苏珊娜着急地想着各种拒绝的理由。“可是，伯特，如果你希望看到真正意义上的对话，就必须让大家在一起。在那几次我引导的会议上，你已经亲眼看到效果了。”

然而，伯特却威胁道：“如果你想保住这份工作，就必须学会让销售人员在不离开办公室的情况下进行沟通！”

这时，苏珊娜突然想起了乔治说的那句话：“引导技术的基本方法和原理也适用于虚拟环境。你需要的是找到有效的线上媒介，然后随时保持对会议过程的关注。”

乔治的这番话给苏珊娜带来了勇气，于是她不太情愿地接受了这个任务。她答应伯特会去学习更多线上会议的引导方法，之后，就开始在电脑上查起了资料。令她惊讶的是，网上有许多的虚拟会议平台和用户使用指南，但是关于如何组织线上会议的指导却很少。

“估计我要自己想一些方法了。”苏珊娜自言自语道。

在接下来的一周时间里，苏珊娜一直忙于查找各种引导书籍，同时也在思考着哪种技术平台最能满足公司的要求。她发现，过去在工作坊使用的大部分引导方法都可以在适当调整后用于线上会议中。这让她感到激动不已。

苏珊娜认为，如果想让自己看起来完全知道自己在做什么，那就需要制定一个更准确的计划并且坚持下去，至少在一开始是这样做的。当然这项技术可能也会带来挑战。

随着学习的深入，苏珊娜的心情也在慢慢地发生着变化。此时的她，满脑子都是虚拟环境中的团队合作方法及技术上的应用工具。她很快就看到了未来会议的样子：分散在世界各地的人们同一时间聚集在线上，讨论着各种想法，时不时地在屏幕上发一些截图和图形来帮助其他人理解。这种技术很容易掌握，让每一个使用者都很开心。她甚至看到了多年未谋面的同事们的画像。美好的前景让苏珊娜开始幻想自己身在巴厘岛的沙滩上了，她一边享受着阳光一边开着线上会议，终于摆脱了伦敦的冷风和雪泥。

乐观情绪完胜悲观情绪，苏珊娜非常满意。或许，这次经济危机中还会发生一些好事情；或许，这个机会将创造一种全新形式的会议。苏珊娜忙了一夜，第二天早上匆忙来到办公室。她快速打开了购买的虚拟会议平台的使用手册，仔细地学了起来。“一切比我想象的容易得多。”她已经为引导人生中的第一次线上会议踌躇满志了。

检查技术设备

“欢迎大家参与我们的讨论会。”苏珊娜在邮件主题栏中输入。她继续写道：

“公司需要从长远利益出发做出一些战略决定。我们诚邀您参加于 10 月 3 日上午九点召开的线上谈论会，就相关话题进行切磋。每个参与者至少要在前一天下午三点前，与我确认技术设备可以正常使用。您可以通过点击下面的链接来检查设备。该链接将带您进入线上会议的登录界面，请登录后确认所有功能是正常的，记得向其他人问好哦！”

10 月 2 日那天，所有人都像苏珊娜希望的那样检查了技术设备无误，除了丽塔一人。丽塔虽然在斯洛文尼亚度假，但之前答应过苏珊娜会一起开会。但现在完全联系不上，估计遇到了麻烦。此时，参会的同事们已经在网上寒暄起来了。

凯文 · 费则瑞德说：“真是感慨！我自从两年前年会过后就没跟你们所有人一起见面聊天过了！”

“这真是一个惊喜！一切进展得如此完美，我能听到你们所有人的声音——即使我正在回家的路上。”马修补充道。

苏珊娜结束了测试环节，她感谢每个成功登录来检测技术的人，“感谢你们所有人测试了你们的设备。这样明天我们就不需要浪费时间再做设置了。到时候见。”

就连丽塔也设法去附近的网吧解决了连接问题，在那里她找到了一台电脑并登录了会议室。

根据苏珊娜的朋友乔治的建议，事先测试设备是在虚拟世界中工作的一种最佳做法。总是会有技术问题，尤其是如果它是你的第一次线上会议，如果出现问题会议可能会被推迟，因为你事先没有测试你的设备。

在结束一天的工作之前，苏珊娜做了一个 PPT，她将会在研讨会上向参会者做演示。首先，她选择了一种方法来启动会议。真正的会议就像一次飞行，你必须在起飞前办理登机手续。

会议签到

苏珊娜的签到幻灯片

任务

欢迎来到虚拟会议

请画一个自画像（请点击页面底部工具栏中的工具笔）

第二天一大早，苏珊娜就在办公室里等待大家登录、上线了。当大部分人准备好时，苏珊娜播放了她的欢迎幻灯片，提醒每个参会者在他们各自的屏幕上的空白区域为自己画一幅画像。然而，问题出现了。

“我的电脑不让我选择笔。”赛拉说。

丽塔的电话没法用了。在苏珊娜试图解决丽塔的问题时，丽塔帮助赛拉选择好了工具笔和颜色。很快，个人画像出现在屏幕上了。在 F&L 销售团队使用在线工具忙碌地画着自画像的过程中，虚拟会议室里一片沉默。

几分钟后，苏珊娜将光标指向自画像，请参会者说出他们的名字和所在的位置。

在大家开始回答之前，苏珊娜从凯文·菲茨杰拉德的电话里清楚地听到了苹果装进盒子的声音。于是，她请凯文关上办公室的门或者找个安静点的地方。当所有人都在线加入时，会议开始了，而且还很准时，这让苏珊娜很高兴。

在伯特发表演讲之前，苏珊娜觉得需要让大家遵守一些规则。首先，她提到了耐心。

“在线上会议中，有时会出现一些小问题：电池没电，连接失败或者程序无法运行。这些事情是不可避免的，但如果你足够有耐心，你就能处理好，问题很快就会得到解决。”

然后，苏珊娜解释了如何使用静音按钮，如果背景噪音影响了你参与研讨会，这个按钮就会很有用。苏珊娜还强调，参与这个工作坊和参与现场活动一样重要。因此，最好告诉你的同事，你正在开会，即使你只是坐在办公桌前参加会议。在小组发言时，最好先报一下自己的名字，让小组的其他成员知道是谁在说话。苏珊娜发现这条规则是最难的，因为她自己也经常会忘记。

苏珊娜的线上会议基本规则

· 必要时保持静音

· 100% 的投入

· 保持耐心

· 在小组发言前，先报一下自己的名字

苏珊娜浏览了当天的日程，并要求参会者写下他们对内容的期望。

“我是罗斯·米德尔顿，我的信息两次都不见了。”她从电话那头说道。

“我也是。当我写下一些信息的时候，它就消失了！”另一个人紧接着说道，然后补上了他的名字，“我是瓦尔德马尔·维尔滕贝格。”

苏珊娜冷静地尽她最大的努力向参会者介绍新工具。幸运的是，她上周末和乔治开了一个测试会议。

参会者的期望开始出现在屏幕上：

希望他们最终能告诉我们，公司是否真的承担了责任。

告诉我们谁会被解雇，谁会留下来。

这完全是混乱的，领导需要解决问题。

我想建设性地讨论如何前进。

我希望有机会给大家一个坦诚的反馈，把所有的事情都说出来。

苏珊娜对这种消极的气氛并不感到惊讶。幸运的是，在无望和阴郁之中，还是有一些兴趣和微弱的希望。

来自斯洛文尼亚的丽塔补充说："最重要的是讨论我们的感受，讨论如何从目前的困境中走出来。"

苏珊娜感谢大家的参与，并解释说这里就是要让大家说出自己的担忧和困惑。现在到了开始做演讲的时候了。

演示与反思

在伯特开始演讲之前，苏珊娜告诉每个人如何有效地倾听。

她建议道：“会后，我们会考虑一些关键事实、我们对报告的感受、报告的实际意义和具体步骤。你可以在演讲过程中通过聊天记录写下自己的想法。”

伯特开始了他的 PPT 演示，并开始解释公司的变革。

“由于财务状况不佳，苹果的收成也不好，我们别无选择，只能改变原先的策略。我们的预算将减少 50%，我们整个销售团队的客户拜访量将增加 25%。糟糕的是，我们还要关闭我们在圣彼得堡和塞维利亚的办公室。在这两间办公室的销售人员可以继续以同样的角色在家远程办公。”

当所有人都保持沉默时，一个电话传来了声音。

“刚才我掉线了，没听见你后面说的内容。”托尼·丁格尔喊道。

原来，托尼带着他的电话去了装卸码头处理一些紧急事情。幸好伯特将重要的内容写在了一张幻灯片上，苏珊娜请托尼回到他的电脑前看一下。她告诉大家，之后如果有人要暂时离开“会议室”，要告诉大家一声。她提醒大家，在会议前做好准备工作，这样才不至于因工作或是在会议中喝想咖啡而分心。

伯特继续介绍着他所掌握的关于战略和新的组织变革的背景信息。

为了确保小组成员的注意力仍集中在演讲上，苏珊娜提出中断一会儿会议，让每个人用聊天的方式对伯特刚才所讲的内容写一个简短的评论。之后，一场关于演讲的积极讨论便开始了。

伯特结束了他的讲话，现在是休息时间，这样大家就可以重新斟满他们的咖啡杯了。15 分钟后，参会者们精神饱满地回来准备讨论。

讨　论

苏珊娜请参会者按下他们电脑上的绿色按钮，表明他们已经回来，准备好继续开会了。这个任务让她可以确认每个人都从休息中回来了，并准备继续。因为每个人似乎都到场了，苏珊娜就请小组在虚拟白板上写下演讲中的最重要事实。

“花三分钟思考一下演讲的内容。当你有一些想法时，把演讲的要点写在虚拟白板上。”

苏珊娜说明了给多少时间完成这个任务。时间限制可以帮助每个人都意识到引导者想要他们写的东西的范围，是一篇文章还是仅仅是一些简短的评论。白板写满了，伯特有点惊讶且开心地说：“感觉他们真的在听。”

伯特的演讲确实有很多的信息，不仅有关于重组的，还有关于公司新的战略政策的。等到小组用关键信息填满会议白板时，苏珊娜播放了一张幻灯片。它是一张标有“+”和“–”符号的坐标轴的图表。

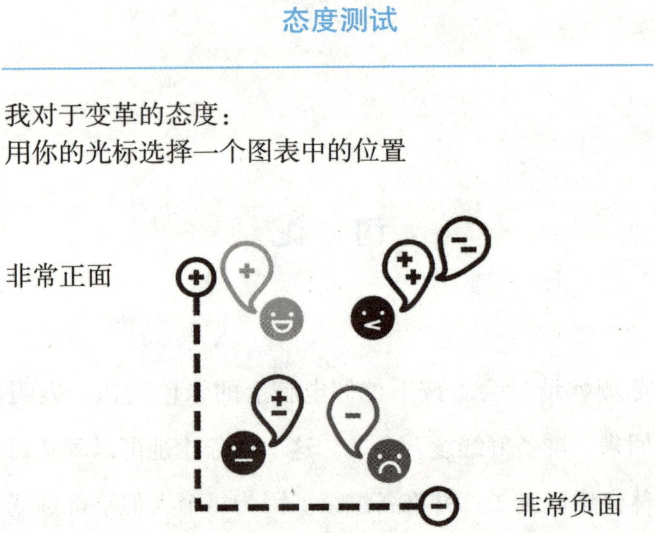

态度测试

我对于变革的态度：
用你的光标选择一个图表中的位置

非常正面

非常负面

图 2-1　幻灯片引出参与者对此想法或提议的反应

“大家对这次演讲以及宣布的变化有何看法？请把你的光标指向图上最能描述你的感觉的地方。在页面的左上角你可以看到一个大的‘+’，写着‘非常正面’。如果你的感受与此匹配，就把你的光标放在这里。在右下角，则写着‘非常负面’。如果你感觉对演讲内容非常不满，请你把你的光标移到这里。在两者之间的是中间地带，如果你的感受是上面两种感受的混合，请将你的光标放到中间。”

光标开始在屏幕上出现。两个参会者，比利·坎贝尔和米娜·亚当斯出了点状况，他们的光标没在屏幕上。背景音中可以听到猛烈的打字的声音。苏珊娜问比利和米娜进展到哪儿了。

“对不起，苏珊娜，我们忙得不可开交，有太多话要说，所以我在聊天区给米娜发了一条私人信息。”

苏珊娜意识到，真正的讨论出现了！

苏珊娜问他们是否愿意和其他人分享他们的感受。

米娜说：“这些变化已经让大家紧张了一年，每个人都害怕被炒鱿鱼，很高兴现在终于做出了决定。”

接下来是关于每个人的感受和情绪的长时间讨论，每个人都有机会谈论这些变化将带来的利弊。

苏珊娜满意地微笑道：“最后，团队终于可以放松下来了，而且是在一个虚拟的环境中完成的！”苏珊娜最初认为，线上会议没有面对面的会议有效，而且更费时。苏珊娜从她虚拟会议引导指南中了解到，参会者需要大概一个小时学习如何使用一个新的工具。一旦参会者学会了如何使用虚拟会议平台，他们可以更随意、更自信且更有创造性地参与其中。

苏珊娜认为小组已经准备好进入第三个问题了：伯特所宣布的变革的意义。她为此选择了小组共创作为工具。苏珊娜显示了一张幻灯片，明确地说明小组共创将如何进行。这样的幻灯片清晰地解决了人们开始一个新的活动可能会有的任何问题或不确定性。

指导小组工作的幻灯片

小组反思：变革的实际意义

· 任务目的是将变革的实际意义具体化

· 三个白板

· 各个小组是……

· 第一组的会议号码是 586-93857667

· 第二组的会议号码是 586-93336611

· 第三组使用现在这个号码

· 各个小组将在白板上写下讨论内容，然后总结讨论

· 30 分钟之后将向大组进行演示

· 如果有任何问题，可以在聊天框留言或者打这个电话：057-9996668（苏珊娜）

进一步帮助苏珊娜的新工具是虚拟会议技术本身。在使用虚拟会议平台时，组织小组讨论非常容易。只要按下一个按

钮，整个组就可以被分成若干小组进行练习和讨论。

“接下来，我想让大家思考一下新的策略将如何影响你的工作和整个工作场所。”

以苏珊娜作为引导者的经验来看，她知道这是获得结果最重要的阶段。毕竟，理解和接受一个影响你自身的改变，将会引起你行为上的变化。她先给所有参会者几分钟做笔记的时间，然后她把他们分成三组，各小组成员可以一起思考解决方案。她给他们每个小组半个小时的讨论时间，并请每组选择一个小组成员在虚拟白板上做笔记。

在各小组讨论和头脑风暴的时候，苏珊娜会去每个小组的讨论室里观察，但尽量不去打扰他们。

“幸亏你来了，我们的白板时不时就会消失。”罗斯大声说道，她有点沮丧，因为她负责在白板上记录。

苏珊娜帮助这个小组解决了他们的技术问题，小组才得以继续他们的头脑风暴。

苏珊娜意识到在虚拟世界以及在现实世界进行团队引导的重要性。尽管各个小组是独立组织头脑风暴和讨论的，但是会议引导者安静地出现在现场提供了支持和安全的感觉。会议领导者也可以重新激发逐渐冷清的讨论。

最后，各小组回到大组中来讨论。他们检查所有的白板和建议，关注建议的行动和各个小组与大家共享的点子之间的相似之处。整个大组想出了很多关于新公司的战略和改善员工之间交流的点子。

苏珊娜琢磨着这次会议结束后会发生什么，她对结果已经有了一种自豪的感觉。销售团队似乎已经接受了办公室关闭的难题，所有人似乎也对此达成了共同的谅解，这将有助于推动 F&L 公司前进。

在第四阶段，也就是最后一个阶段，参会者要把方案付诸实践。苏珊娜要求每个人用三分钟的时间来思考，接下来开始执行新策略的步骤是什么？他们将会采取什么具体的行动？什么时候开始行动？

最后，苏珊娜要求每个参与者在聊天栏中写下行动要点，伯特似乎对此很感兴趣，他在聊天栏中写下了自己的八个行动计划。

行动

第一步：我将做些什么？什么时候做？

1. 在聊天框中写下你的答案

2. 按下回车键

退　出

苏珊娜认为，在会议开始时和离开时每个人都有机会发言是一种良好的礼仪，所以她确保要有一个人人参与的收尾活动。

“我想大家都会同意今天的研讨会很重要。你们克服了愤怒和困惑，甚至设法列出了可以采取的具体行动计划以应对重大变化。我想说你们每个人都做得非常棒！现在大家感觉如何？”

在这个反思阶段，苏珊娜使用了虚拟应用程序中手的图标，想要发言的人可以举起他们的虚拟手或者点击工具栏上的图标。托尼首先举起了他的虚拟手。

“这是一次很好的经历。我甚至还处理了一些工作事宜，即使这不是会议本身的内容。塞维利亚办公室的事情很有挑战。尽管在会议期间，我必须做一些工作，但通过今天的会议，让我减轻了不少压力。”

来自斯洛文尼亚的丽塔补充说：“我不得不承认，之前对于学习如何使用新工具让我感到紧张，特别是当面对这场工作中的危机，并且我还在很远的地方度假的时候。幸运的是，最后电话连接顺利，让我得以远程参加会议。”

阿方索·洛佩兹也表示：“我们在这里认识彼此，这是件好事。否则，要了解每一个人得花很长时间，而且我想我也是一个不会随便与陌生人分享感受的一个人。”

苏珊娜自言自语道：“好评论。”起初，苏珊娜一想到使用线上工具就不寒而栗，但是现在她感觉虚拟会议的效果可以和现场会议相媲美了。

线上会议不仅节省了时间、金钱，还保护了环境。考虑到将世界各地的参会人员集中到伦敦市中心的总部要花费的成本，今天 F&L 公司的碳足迹大幅减少了。“如果可以组织更多的线上会议，或许公司可以再次举行娱乐活动了！”苏珊娜笑了笑，默默地计算了一下线上会议能节省多少钱，这样当她下次和伯特谈论活动津贴时，就有了充足的依据。

分析：在线上和线下两种环境中的启动会议

这次线上会议开完之后，苏珊娜回到她的湖边小屋，对这一天进行了反思。在引导她的第一个线上会议之前，她不知道会发生什么，但她很快就发现这与进行面对面的会谈没有很大的不同。面对面和线上会议的核心结构是相同的。首先，她给小组成员布置了一项小任务来暖场破冰，让他们放松；然后她给小组成员时间做演讲和小组反思；最后，她以退出环节来结束虚拟的和面对面的会议。

启动会议的目的是帮助参与者理解所展示的内容，进行讨论，并制定可执行的步骤，然后进行跟踪。这种三部分的结构帮助苏珊娜建立和引导了一个有效的会议。

苏珊娜虚拟启动会议的结构

会议前

· 检查设备 / 技术：会议之前的虚拟启动会议让每一个人熟悉技术和设备

· 会议签到

· 自画像活动

· 基本规则

· 参会者提出自己的会议预期

演讲和反思

· 演讲

· 基于觉察之环的四个部分进行讨论。一次讨论一个部分，并且按照顺序进行讨论：事实、感受、意义和行动

退出

· 通过虚拟的举手，请参会者提出评论和反馈

会议签到

会议的第一阶段被称为“签到阶段”，这一阶段让每个

人都感到舒适，并准备好积极倾听和参与整个会议。

想象一下登机的过程，比如到达机场、领取登机牌和托运行李。所有这些都让旅行者准备好前方的旅行。线上会议的签到阶段的概念是相似的，它帮助参会者进入虚拟世界。对每个人来说都很重要的是需要大声地说点什么，以便其他参会者通过电话能够相互认出彼此，并且习惯于以新的方式讲话。线上会议可能对一些人来说是一个全新的体验，签到阶段可以有效地破冰并让人们准备好参与其中。

第一阶段期间的积极参与会让紧张的与会者平静下来，并使得其在会议期间大声发言变得更为容易。签到工具也会减少由于人们没有及时接入或排除技术问题可能发生的时间耽搁。苏珊娜以要求人们画自画像来开始签到阶段。她认为这个活动会让人们习惯于会议软件，并且放松下来。这也是一项个人任务，人们可以在等待其他人登录虚拟软件期间进行。

签到过程还包括列出参与者的期望，并回顾当天的日程安排。另外，最好在会议开始前，尤其是在演示阶段之前，确保每个人都 100% 到场并做好准备。

苏珊娜注意到，在虚拟世界开始阶段是非常困难的。在这个阶段，引导师必须建立信任，这将持续影响整个过程中的团队氛围。在这个初始阶段，苏珊娜的目标是指导人们了解会议的过程，并且创建信任。创建信任可以营造一个安全的环境，让人们有勇气说出自己的思考，并且分享想法。

会议签到

- 是一个会议惯例：可以让参会者预热自己的声音，并且在会议开始时破冰
- 引导师可以马上引入一个互动的活动给整个大组。如果你希望主持一个参与度很高的会议，就需要在最初的五分钟里让大家都说话
- 签到阶段的工具使用的目的是让所有人能够顺利地进入虚拟的世界
- 签到也是一个很棒的活动，使得人们在等待其他人加入的时候有事可做，并且准备好开始会议
- 好的开始的做法还有相互认识、聆听期待、解释流程等

苏珊娜对线上会议的准备比面对面会议的准备更重视、更充分。苏珊娜事先测试技术，让每个人都进行虚拟签到，这样在真的举行会议时，大家就能够正常地出席会议。这一会前准备对会议主持人和参与者来说都是至关重要的。还有一个很好的做法是，引导师测试所有的幻灯片，让自己熟悉技术平台

的可用功能，确保一切都可以正常运转。

演示

演示阶段是整个会议过程中的信息阶段——将信息或内容送达参与者。在演讲期间，核心问题被提出，之后整个大组对之进行讨论和扩展。为了让参与者更专注，一种好的做法是增加一个提神的任务，比如在聊天框里讨论事情，或者分小组讨论，或在演示过程中寻求反馈。

觉察之环是苏珊娜在伯特的演讲之后问大家问题的理论基础。根据觉察之环，事实、感受和意义总是出现在行动之前。这个环的各个阶段自动贯穿于我们的思想，但是当有很多信息时，我们并不总是有时间仔细检查相关问题，这可能使得它难于理解。

为了形成理解，让行动更为具体，按照觉察之环来提问是有所助益的。为此，我们首先确认事实，确保每个人都以相同的方式理解演讲。所有参与者对演讲的体验是相同的吗？有趣的是，对于相同的信息，人们会以不同的方式进行解释。例如，刚刚买了一辆新车的人突然会看到到处都是相同的车型。这种感知问题称为频率错觉，它可以出现在包括工作在内的生活的所有领域。如果人们害怕失去他们的工作，他们可以把任何新

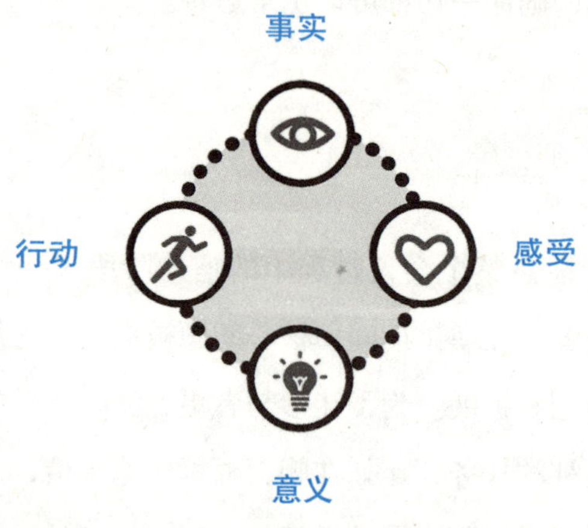

图 2-2　觉察之环和四个问题

的信息看作职业上的厄运。因此，在演讲结束后，建立一个共同的理解基础是很重要的。通过浏览事实，你可以纠正任何可能的误解，防止猜疑和谣言的发生。

紧随伯特的演讲，苏珊娜让每个人都在虚拟白板上写下他们认为的演讲要点。白板是所有人共享的，当有人输入时，苏珊娜和整组人员都能够得到即时反馈，即伯特的演讲是如何被理解的。

在事实确定之后，处理团队中出现的情绪是非常必要的。在变革的情况下，人们会被各种各样的情绪所困扰，无法正常

虚拟使用觉察之环

事实

· 苏珊娜用虚拟白板让所有人写下演讲要点。白板内容之后可以在大组回顾，或者一对一，或者小组进行讨论

感受

· 苏珊娜共享了一张 PPT，上面有情绪坐标。大家可以将自己的光标移动到坐标轴上能匹配自己感受的位置

意义

· 小组讨论演讲内容如何影响他们的工作，以及将会有什么变化

行动

· 苏珊娜分享了一页 PPT，问道：我将会做些什么？什么时候做？然后由大家来提供答案，苏珊娜在做好收集整理后，将其分享给其他所有人

地行使职责。常常是，一旦有非正式的可以分享他们的想法和感受的机会，就能帮助人们继续前进。苏珊娜共享了一张

PPT，上面有情绪坐标，每个人都有自己的光标，可以根据他们对演讲的感受将光标放在表中的不同位置。

在觉察之环的第三个阶段，即意义阶段，当参与者思考演讲的现实意义时，演讲的内容被进一步推向行动，如他们的工作将如何受到拟议中的变化的影响。苏珊娜将大组分成更小的组，借此大家可以讨论演讲的内容会如何影响自己的工作。换句话说，伯特的演讲对于每个人的工作意味着什么？苏珊娜让每个小组在他们的虚拟白板上总结他们的对话。当每个人重新加入大组时，白板会被共享，而大家也要针对对话中的异同进行讨论。

根据演讲内容的事实、情绪和意义，觉察之环的第四个阶段产生了行动点。这个阶段是最重要的，因为它帮助人们规划如何在现实中落实演讲中的问题。在虚拟的启动会议中，苏珊娜使用了一个简单的幻灯片，每个人都可以写下他们下一步要做什么的想法。这些是大家的个人行动点。虚拟软件汇总了团队中的每一个回答，苏珊娜可以把所有的回答放在一个图表或一个时间轴里，并在稍后与大家分享。

1. 事实

· 关键信息是什么？

· 用你自己的话重述是什么？

· 你听到和看到了什么？

· 关键基础是什么？

· 发生了什么？

· 总结。

2. 感受

· 你有什么感受？

· 你的第一感受是什么？

· 失望还是惊讶？

· 选择能够描述你的反应的卡通形象。

· 想象一下。

3. 意义

· 这些信息对你意味着什么？

· 什么将会改变？

· 这与你的工作有何关联？

· 对于个人 / 团队 / 组织有什么影响？

· 你学到了什么？

· 你觉得这为什么会发生？

4. 行动

· 你 / 我们将会做些什么？

· 接下来应该采取什么行动？

· 我们将会如何照顾好……。

· 你的工作中什么将会做得更好 / 不同？

· 提出需要发展的领域。

· 为了向前推进，你需要什么？

觉察之环总是有相同的四个阶段，即事实、感受、意义和行动，但每个阶段的问题都可能会不一样，这不重要，重要的是给参与者时间来反思，并讨论他们对觉察之环各个阶段的想法。

退出

退出环节是收尾部分。在这个最后的环节中，大家已经就开会原因、会议内容、最终达成的决定有了共同的认知。所以，此时可以就会议产出做简单总结，这将帮助参会人员了解会议流程、行动计划接受度以及目前整个公司的氛围和想法。

在虚拟会议中，苏珊娜通常会向大家提出一个简单的开放式问题：你今天感觉怎么样？然后，大家可以用她提供的工具，在会议室举手发言。

如同会议的签到环节可以热身，让大家准备就绪一样，退出环节会让大家冷静，提供一个最后发言的机会，或者表达焦虑和疑惑。有了退出环节，你在会议结束后再去领导一个团队必然会简单多了。

退出环节

- 退出环节是引导会议的一种做法，可以为参与者提供在会议结束前表达想法的机会
- 通过这个环节，引导师可以帮助参与者形成共同的认知，对会议决策有深入的理解
- 这个环节也有治愈效果。因为人们可以自由地表达，倾诉内心的不安
- 对于参与者中途离开会议也是有效的。如果参与者可以留下反馈或分享结束的想法，他们会感觉更好

工具相同，技巧不同

线上会议和面对面会议用到的核心工具是一致的。觉察之环理论和三段式结构适用于任何的会议环境。事实上，引导者使用的大部分工具，无论在线上会议还是面对面会议都能起到很好的效果。然而，要想创造最好的虚拟会议环境，苏珊娜仍然需要在组织面对面会议的方法的基础上做一些改变。

在召开线上会议之前，苏珊娜要确保腾出时间来讲会议

基本规则。然而在大部分面对面会议中，许多规则如“100%参与到会议中”是无须多言的。这是因为，在现实环境中，人们更懂得约束自己的行为。如果一个人和发言者同处一室，就不会轻易拿出手机聊天或看球赛结果。然而在线上会议环境中，人们可以神不知鬼不觉地转移注意力。而且，在线上会议中，玩手机的诱惑会更大。鉴于上述原因，苏珊娜特意做了一张 PPT，把基本规则说清楚。

在会议过程中，人们偶尔需要暂时离开会议或出去接电话。在面对面会议中，大部分人会直接行动，会议主持人因为能看到发生的一切也会理解这些行为。而在虚拟环境下，一切就大不同了。苏珊娜发现，当对方已经不在屏幕面前时，她还在问对方问题。这种情况让她立下了规则：100% 参与到会议中来。苏珊娜定下这个规矩，并不是为了让大家认真听伯特或她的讲话。她主要是担心大家会在集体讨论环节分心。会议的主要目的是统一认知，得到大家对后续行动计划的认同。所以，集体讨论环节对于完成在会议启动时确立的目标是非常有意义的。

她还会要求每个人在发言前首先告知大家自己的姓名。在面对面会议中，这是不需要的，因为大家可以看到谁在发言。然而，在虚拟环境中，无论技术多么先进，有时候依然会发生误会。让与会者在讲话前先报名字，可以帮助听者更好地跟随发言人的思路，使交流变得更加顺畅。

准备线上会议对于苏珊娜而言耗费了更多的时间。首先，她需要增加一个会议前的检查环节，让与会者确认技术设备运行无误。而面对面会议上的准备就简单得多，只需要发邮件确认时间和地点即可。这就是两者之间最重要的差异之一：更多的精力要放在确保人们在线上环境中可以舒服而高效地参与。现在，想想你自己的工作。你参加过多少个会议？10 个？50 个？1000 个？因为大部分会议都是面对面的，人们对如何参与此类会议很熟悉：拿起一杯咖啡，打开门，找个位置坐下。然而在线上环境下，一切都不一样了。所以，苏珊娜需要帮助大家热身，制定一些可以遵循的规则，这样他们就可以高效地参与进来了。

组织面对面启动会议的一种方法

签到

- 让大家到处走动，做一些交流
- 小组简单交流：我们今天为什么来这里

陈述和思考

- 陈述或演示

- 每个人基于陈述信息思考。结合觉察之环的四个部分，写下答案
- 小组简单交流，分享答案
- 全体成员按照觉察之环的思路，讨论答案。此环节需要设记录员，在白板纸上写重点内容

退出

- 总结会议，参会人员广泛评价：这次会议开展得如何

苏珊娜还要调整在虚拟环境下使用觉察之环的方法。

在面对面会议中，苏珊娜会一次性让大家思考觉察之环的四个方面，然后花几分钟让他们写下自己的想法，之后将大家分组讨论这些问题：事实是什么？感受如何？意味着什么？采取什么行动？

考虑到自己对线上会议还不太熟悉，苏珊娜决定一次只专注觉察之环的一个方面。这种做法简化了任务，让工作更好管理。如果当时没有这么做，会议会变得复杂，大家会对讨论的内容感到茫然，也会被复杂的界面和表格搞得头昏眼花。

一个启动会议的优势、劣势和适用场景

优势

· 帮助减少消极情绪。如果没有处理好消极情绪，人们是不能够想出具体的行动的

· 多使用提问。这可以帮助参与者仔细思考问题并讨论，也可以促进学习和理解

· 当工作环境充满共识时，闲言碎语也随之消失

· 讨论的事情会通过行动跟进，而不是停留在讨论阶段

· 确保对会议内容的及时反馈

劣势

· 需要更多的耗时工具完成具体的执行计划

· 一个贯穿始终的工具支持沟通、让大家思考探讨话题对自身工作的重要性

· 讨论环节并不意味着产生新想法

适用场景

通常情况下，聆听者并不能充分理解听到的内容。基于觉察之环提出的四个问题是一个互动性很

强的思考工具，可以促进聆听者对内容的理解。它可以用于任何内容陈述。在陈述与变革相关的话题时，这个工具尤其合适：

· 新技术
· 目标
· 工作方式
· 合并的团队
· 解聘或外包
· 价值
· 组织变化

会议结束后，苏珊娜感到非常满意。她立刻打电话给乔治，兴奋地吹嘘着自己的胜利。

“乔治，这太棒啦！今天早上我组织了一场线上会议，我们告诉团队成员预算被削减，销售人员的工作量却要增加。但最后，不仅一切顺利，而且大家都能认真思考会上讲到的内容，积极接受这个决定。我让他们表达了对这个问题的看法，他们并没有吵闹或者谩骂，也没有对可能的问题感到害怕。这真是一次完美的会议！”

乔治开心地祝贺道：“恭喜！恭喜！听到一切进展顺利

我真是为你高兴，苏珊娜！我依然记得自己第一次做线上会议时内心的忐忑不安。但最后我却发现，线上会议并不比面对面会议难。”

之后，苏珊娜将新的变化引入团队，并帮助大家理解这些新政策，一起探讨如何应对。值得注意的是，这一切都是在线上完成的。当天下午，苏珊娜沉浸在成功的喜悦之中，并度过了一个美好的周末。

HANDBOOK OF FACILITATIVE LEADERSHIP

第三章

关键时刻 2：目标执行工作坊

熟悉线上会议

F&L 公司的情况有所好转，虽然公司的经济状况依旧扑朔迷离，公司的政策发生了较大改变，团队的整体氛围依然是积极的。

随着白夜渐渐变短，秋季步入冬季，公司也要为伯特的新目标制定详细的执行计划了。这些目标要赶在圣诞苹果装载前实施，届时公司上下都会非常忙碌。苏珊娜此时正坐在伯特的办公室里吃着丹麦油酥糕。伯特热情地接待了她，然后谈起了工作。

“你不断证明自己的领导角色，这点让我印象深刻。我亲眼见过你在董事会会议中的出色表现，也很开心听到大家关于你主持线上会议的积极评价。有段时间，我比较担心出差禁令颁布以后大家的反应。但如今，我相信你可以通过线上会议把问题解决。我们都可以开拓一个离婚的线上治疗业务了！想一想，我们能拯救多少婚姻啊！”

见苏珊娜对自己的笑话毫无反应，伯特只得尴尬地继续说道："我希望以后能更多地应用线上会议。但下一次的工作坊，我们有预算，可以做线下。要召开一个目标执行工作坊，针对公司的变革决定，制定详细的计划。所以，这次会议不仅是交流政策，更是要让你的销售团队一起头脑风暴，想出新的解决办法。这次工作坊由你来引导，怎么样？"

伯特话音刚落，苏珊娜脑子里已经想出了一些可以运用在此次工作坊的新工具。这些工具可以帮助团队成员想出新主意，接受新挑战。

目标执行工作坊

今天是召开目标执行工作坊的日子。苏珊娜等大家都到场后，首先做了一个破冰活动，然后把本次活动的议程介绍了一番。她绕着教室走了一圈，然后在一张地图上贴了一些写有城市名字的纸。她选择的四个城市，分别居于东西南北四个方向：明斯克、都柏林、马拉加、赫尔辛基。苏珊娜的想法是，销售团队的成员来自欧洲或者亚洲，所以他们的家乡大部分应该位于这些城市。

“如果我没记错的话，在座的同事们大部分出生在欧洲，那么你们的家乡应该在这张地图的某处：在这里，大家已经看到我标记了的几个城市：北方有赫尔辛基，南方有马拉加，东方有明斯克，西方有都柏林。这四个城市构成了地图的大致轮廓。我想知道每个人的家乡具体在哪里。所以，现在请大家起立，在地图上找到你的出生地。如果你找好了方位，请举手站立，这样我就知道你准备好了。”

与会人员开始行动了起来。苏珊娜看到有 15 个人成功地找到了自己的出生地：丽塔来自伯明翰，托尼来自格拉斯哥，比尔来自芬兰的一个小渔村，亚当来自哥本哈根。沃尔德玛虽然有着浓重的德国口音，但其实是罗马人。

苏珊娜让大家选一个离自己近的伙伴，分享关于出生地的故事。然后，她问是否有人愿意把自己的故事分享给所有人。罗布森开始讲起了曾经在森林中玩的游戏，那时的他还是一个傲慢无礼的小男孩。苏珊娜决定下次让大家发言的时候，要清楚地规定表达要简洁。因为有些人真的很喜欢重温童年。

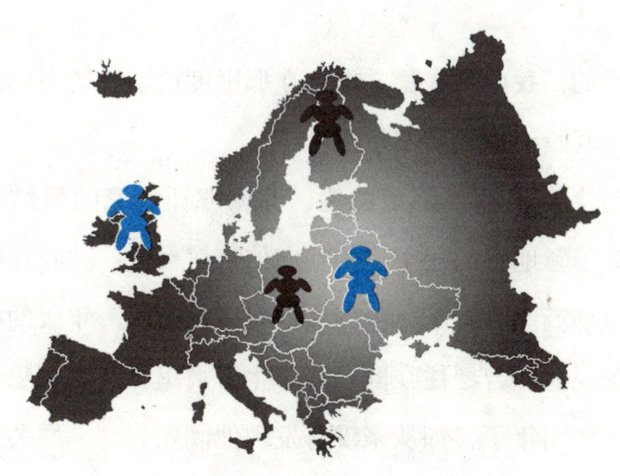

图 3–1　热场活动所用的地图

这张地图是一个有效的签到工具，可以发现与会人员相互之间的有趣关联。

在面对面工作坊中，要首先定义区域和位置，帮助大家了解方位。然后邀请所有人找到自己的位置，并与旁边的人分享故事。

在线上会议中，可以让参会人员用光标在地图上标注，并让大家解释选择这个位置的原因。

苏珊娜继续提出第二个关于地图的问题。她让大家找到各自曾经就读过的城市。大家行动了起来，一些著名的学府城市，如牛津、巴黎、阿姆斯特丹，汇集了很多人。苏珊娜发现，伯特读书的城市与出生地德文郡不一样。于是，她让伯特解释一下。

“是的，我出生在德文郡，在那里度过了我的青春时代。之后，我就搬到阿姆斯特丹读书了。”

等与会人员都找好了位置，苏珊娜让大家两两结对，再次分享关于新地点的故事。约翰向伯特解释说：“我在阿姆斯特丹学习物流。”原来，约翰和伯特居然是同一年级的校友！他们还发现他俩曾经住在同一幢学生公寓里。两人都感慨虽然在一起工作四年了，却从来没有发现他俩还有这一层关系！

苏珊娜对大家的回顾表示感谢，并努力提醒他们要聚焦当下。最后，她要求每个人在地图上找到目前生活的城市，并站在那里。除了一个同事外，其余的人都居住在欧洲各地。

米娜表示不满意："我在东京生活。这张地图里没有。"

苏珊娜对米娜大老远赶来参加会议表示了感谢，又重申了所有人出席的意义。她特意为大家解释了热场环节的重要性，因为这可以很好地帮助大家放松心情，从新的角度认识彼此。

接下来，大家在纸上写下对本次工作坊的期待，并张贴在四周墙面上。苏珊娜一一阅读了大家的期待，以确保大家拥有正确的心态。玛格丽特说，希望为食堂购买新的椅子。苏珊娜立刻插话道："玛格丽特，我们已经对此讨论很久了。我知道这对你很重要，但是这件事现在不能提上议程。你可以约伯特时间单独讨论。"玛格丽特叹了口气，同意了。会议到此有了一个很好的开始。

对工作坊的期待 + 你的名字

· 减少公司开支——凯文

· 明确角色和任务角色——丽塔

· 老办公室利用方法——比利

· 尝试新的事物——米娜

· 我想了解这些变化在实际工作中意味着什么

——马克斯

· 工作会增加吗——蒂娜

· 伯特和苏珊娜的想法——阿方索

· 期待与同事好好交流一次——马特

· 在没有办公室的情况下，我们要如何工作

——索尼娅

· 让每个人都有清晰的方向——艾博·瑞威特

· 停止浪费——罗宾逊

· 希望能有一些咖啡休息时间——托尼

· 总部的厨房需要新的椅子——玛格丽特

为了确保与会者了解工作坊的目标，需要让他们把想法贴在墙上（或者线上）分享。

障碍和解决方案

现在，苏珊娜带大家进入了本次会议的核心阶段：头脑风暴，发现障碍和解决方案。“大家还记得上次启动会议上，伯特提到的变革重点目标吗？它们包括削减成本预算 50%，增加客户访问量 25%，以及关闭圣彼得堡和塞维利亚两个办公室。”苏珊娜边说边指向会议室里的三个白板，每个白板上都写有一个重点目标。

“请大家看一下这三个白板。每个白板四周将形成一个小型会议组。每个小型会议组有五个席位，大家可以选择最感兴趣的话题自由参与。但是如果五个席位满了，你必须进入其他组。大家准备好了吗？你现在的任务就是与小组成员讨论障碍和解决方案，并将讨论结果写在纸上。好，开始吧！”

苏珊娜话音刚落，大家就行动起来了。碰巧的是，大家的兴趣点基本分布均匀，只有托尼表现得很沮丧——他非常想讨论降低成本的问题，但人数已满。好在他很快找到了新的兴趣点，在别的小组热烈地讨论了起来。

苏珊娜一边观察着讨论情况，一边回答着疑问。这时，她决定交换小组继续讨论话题。此时每个组已经用了 30 分钟时间讨论这个话题了。“现在，我要在每个组选择一名代表留在这里。凯文，你继续留在降低成本组。托尼，你继续讨论关闭办公室的话题。玛格丽特，你的话题依然是增加销售拜访量。其余的伙伴们请自动切换到其他小组，给大家 30 分钟时间讨论新的话题。”

苏珊娜觉得自己的指令已经非常清晰了，然而丽塔还是不太明白。

“就是说，你要我们讨论其他话题吗？但是，之前不是有人已经讨论过了吗？我们要把他们的想法再重复一遍吗？”

“不，我希望你们可以在他们的想法的基础上做进一步思考。比如，哪些是你赞同的，哪些是你认为不对的？你们要首先听取小组代表解释之前讨论的想法，然后再进行延伸。”

半小时过后，苏珊娜再次让大家切换到新的一组，每个组的代表依然保持不动。第三轮的讨论依然热烈，各种新鲜的想法和评论把 30 分钟时间填得满满的。最后，苏珊娜不得不打断大家，以便让会议按计划开展。“非常抱歉要打断大家，但是 30 分钟时间已经过去了，再给你们 15 分钟好吗？”

步骤

选择话题 2 ~ 4 个

小组工作

· 把所有人平均分成数量相同的几组

· 每个小组将想法和建议写在白板上

· 如果你首先罗列的是阻碍，请找到妨碍目标实现或找到更好方案的问题点

轮流

· 每个小组留下一个人来解释内容，其他人在小组间走动，探讨写在白板上的内容

· 这个过程中产生新的想法和思路，并对如何实施提出想法

优先排序

· 让大家对最好的想法排序

· 讨论结果

网络环境下的应用：好的平台是有允许带白板的休息室，你可以轻松地应用咖啡工具。对于其他平台，你可能需要打开许多与白板同时进行的会话框。

凯文答道：“好的，请继续。”然后，谈话又顺利地延续了 15 分钟。在讨论完关键的解决方案和障碍之后，苏珊娜请大家用虚拟的 10 英镑来选出最好的想法。

“好的，各位。在你们面前是达成新目标的障碍和解决方案，我给你们每个人 10 英镑投出你们认为最好的解决方案。你可以把所有 10 英镑投在一个想法上，也可以把它投到几个上，或者所有的想法你都不喜欢，那就把钱留着不投。关键是要把你投的数量清晰地写在那个解决方案旁边。那样你在哪儿投了多少钱就会一目了然了。”

凯文插话道：“等等，苏珊娜。我们现在仅仅是投解决方案，还是说那些障碍和挑战也要选出来？我要把那 10 英镑也投到我觉得最急需解决的障碍上吗？”

“问得好，凯文，我们用障碍和挑战来帮助更深入的思考，但现在我们只是先选出解决方案。你可以选择任何与这些主题相关的解决方案。这是个人活动，所以不要交谈。请大家花大概两三分钟时间来完成。”

伯特调侃道：“罗宾逊也许会把他的钱都藏起来，这是他一贯的作风。”

大家听了伯特的话都大笑起来，然后继续着投钱任务。

引导者可使用的工具

投票技术

- 10 英镑投票法
- 点数投票法
- 交通灯
- 民意投票

给出名次

- 给所有的点子一个名次

讨论

- 罗列出所有想法，并一一讨论；对想法进行删除、优化或分组
- 两两结对，进行更深入的讨论

当苏珊娜看到大家选出想法时，她对会议的进展感到很满意。“最棒的是，他们正在达成一致！这绝非易事！”这么顺利地得到了优选的解决方案让苏珊娜的信心高涨。“我要继续把这些想法变成行动方案。”想到这儿，她对大家说道：“干得漂亮！现在，我想请每组的组长数一下点数并总结出刚才讨论中的关键解决方案。”

三位组长，凯文、玛格丽特和托尼开始总结讨论结果。票数最高的是更好地共享销售意向信息以增加客户拜访量，接着是减少出差和把线上会议作为销售流程的开端以减少成本，最后是给每位销售购买高质量的 WIFI 设备，这样就可以在家办公了。

总结的要点清晰明了，苏珊娜也认为三位组长做得很棒，但她不打算就此罢手。

“总结得很棒，但我认为我们还能从这些主题中得到更多。在这之前，大家先休息 15 分钟吧！”

行动方案

休息回来后，苏珊娜打算来些有趣的活动让大家热热身。她大声说道："大家起立，然后按顺时针方向转动你的右脚！"大家很配合地伸出了右脚，然后在空中按顺时针方向转动。

"现在，我请大家伸出你的右手然后在空中写'6'。"

每个人都试图按照苏珊娜的指令操作，但当大家的右脚都不由自主地开始逆时针转动时，会议室充满了笑声。

"当你的右手在写'6'的时候，是很难让你的右脚按顺时针方向转动的。因为控制你右手和右脚的神经是相连的，所以如果转换右手的转动方向，右脚也会跟着转动起来。是不是很酷？"苏珊娜继续说道，"大家也许都注意到了，有时我会做一些短而有趣的活动，它们和今天会议中安排的事情无关。会议中，如果穿插一些这样的小活动然后再回到会议中来时，大家会感觉自己的头脑更清醒，注意力也会更集中。我们刚才做的这个小活动就是个很好的例子。好，现在玩够了，让我们回到正题。”

苏珊娜的热身活动叫从 6 到 0

- 在这个练习中，参与者抬起右脚，按顺时针方向绕圈
- 然后，让大家用右手从上到下写下数字“6”
- 之后，你向大家解释：当同时完成两个动作时，右脚不自觉地会变成按逆时针方向运动

如果大家第一次做这个活动，最后的结果会出乎意料，也会让大家感到好笑。这是一个快速提升能量的活动。

“现在我们面前是挑选出来的解决方案。想象你自己会根据这些解决方案采取哪些具体行动？给大家三分钟时间思考。”苏珊娜宣布道。她知道独自思考能让讨论的解决方案进一步具体化，也能更容易想出答案来，但仅仅是这样还不够。行动计划的要点需要与工作伙伴一起讨论确定并相互链接。苏珊娜补充道，“现在我们与相邻的伙伴形成小组，一共分成四组。讨论并对实现这些解决方案的具体行动要点达成共识。”

在小组讨论了一会儿之后，苏珊娜指着她画在墙上的那张巨大的路径图说道："我们现在要把具体的行动要点呈现在这张地图上。用谁和做什么的句式写下行动要点，然后按照它们应该完成的时间点在地图的时间线上排序，给大家用 10 分钟来完成。"

图 3–2　呈现详细行动要点的路径图

团队顺利地写完了行动要点。最后，苏珊娜让大家谈谈对这个计划的看法。凯文认为行动计划非常棒，无须再做调整了。他叫道，"它们都很重要，每个要点都需要被实施！"

大家都同意凯文的看法。

"大家对此充满了热情，我很高兴看到这一点。我同意不需要再对这些行动要点进行调整了，它们都很重要并且相互依赖。很多行动要点不是都可以相互替代的，重要的是我们要不断地跟进。我明天会把这张路径图发邮件给所有人，这样当我们开始实施这个行动计划时就能不断地监督它的进展情况了。”

退　出

时光飞逝，转眼就快四点了。依据经验，苏珊娜知道大家都在惦记着回家了。她打算给今天的会议收个场并传递出积极的态度。接下来，还要做一个正向反馈环活动。

“咱围成一圈的目的是要夸夸你的每一个伙伴。思考 20 秒，然后我喊到谁的名字，大家就开始夸她。先从丽塔开始！”

“丽塔最积极了！”

“她的主意最棒了！”

“她的嗓音非常美妙！”

“她比谷歌的答案还多！”

丽塔被大家夸了个遍。随着反馈环的深入进行，大家也愈发脑洞大开，房间里充满了笑声。伯特甚至被大家叫作“水果之王”，而伯特也给了每个人良好的反馈，这可与大家对他的印象截然不同。他是那种传统型的领导，不苟言笑也很少夸奖别人，尽管在他内心深处希望用一种柔软的方式来领导团队。

在工作坊结束前，苏珊娜请每个人反思并谈谈对今天会议的看法。大家都给予了很高的评价，并觉得一天下来很快乐且很有成就感。

分析：成功的工作坊路径图

在上次头脑风暴会议结束后的星期六，伯特给苏珊娜发了个短信："我知道你没有更好的事可做。今天中午 12 点我来接你。"

苏珊娜对伯特的反常行径感到有些奇怪，但她还是回了条短消息，告诉他会准备好等他过来。刚到 12 点门铃就响了。当看到伯特脸上洋溢着笑容，苏珊娜放松了下来。

"我想你会感到惊喜的，上车！"

一辆闪闪发光的新跑车停在苏珊娜的家门口。

"一辆新车？送给我的？你很满意我最近的工作，所以奖赏我？我不知道该说些什么了，谢谢伯特！"苏珊娜难以置信地惊呼道。

伯特大笑了起来："苏珊娜你最近的工作做得非常出色，这是有目共睹的。但如果认为这车是送给你的那就太疯狂了。这当然是我的车。现在上车吧！我们要出发了！"

苏珊娜答应着上了车，几分钟后他们就呼啸着穿过了喧闹的市中心。过了一会儿，伯特开始告诉苏珊娜他的想法。

“我对目标实施工作坊感到惊喜。我从未意识到团队中有这么多好点子。我们真的能从整个团队的各种建议中提炼出金点子。如果我们让每个人都相互合作，我们就能想出各种新点子，创造公司的未来。业务扩大、增长、新的水果装载和运输方法……，我们甚至可以扩展到其他品种的水果上，比如新的圣诞红梨，也许就是我们的发展方向……。”

伯特一刻不停地谈论着圣诞红梨和其他异域水果，一会儿半个小时就过去了。苏珊娜从未见过她的老板这么兴奋。目标实施工作坊上产生的某些想法应该是说到他的心坎里了。看来伯特对团队的表现及对公司未来发展带来的帮助欢欣鼓舞。

伯特继续口若悬河道：“那个会议真的很棒，但在线上会议中也能这样成功实施吗？”

“我觉得可以。可能需要调整一些小细节，但那些重要的做法是相同的。在面对面的工作坊中，我们用海报纸和马克笔。在线上会议中，每个人都用自己的键盘把文字打到白板上。结果差不多一样，那些关键的原则是相同的。但是，技术上总是让我感到有些担心，总有人的电脑没电了或者麦克风没声音了。”

苏珊娜在工作坊中遵循着一条重要原则：工作坊的所有

阶段都同时包含发散式思考和收敛式思考。这意味着工作坊的每一部分都要安排时间进行头脑风暴和选择想法。就像著名心理学家吉尔福德在 20 世纪 50 年代提出的那样，创造性思考可以分解成两个完全不同的阶段。

发散式思考有利于产生新的想法，而当评估想法是否有效时，收敛式思考是必须的。为达成有生产力的创新，这两种思考方法都需要，这也能让头脑风暴发挥最大的效用。创造的结果受到每个人的技能、成长经历、情绪和能力的影响。引导师的核心任务是激发出大家的想法（发散），然后帮助团队挑选出最好的（收敛）。最简单的方法就是将主意列在海报纸或虚拟白板上，然后挑选出最好的主意。

图 3–3 发散式思考和收敛式思考

在典型的工作坊中，发散和收敛会重复三次。这三次也对应了苏珊娜在前面引领的会议和工作坊的三阶段流程结构：澄清问题、解决方案和行动举措。首先要澄清问题或目标，接下来找到问题或目标的解决方案，最后要将其转化成具体的行动来落地。想一想实现解决方案的步骤就能知道需要哪些具体行动了。这些行动步骤要用谁——什么——什么时候的句式来呈现。除了这三个核心阶段外，还有开场准备阶段以及最后的收尾阶段，用来总结前面核心三阶段的成果。这种模式特别适用于解决问题和各种设计开发工作坊。

但是，在她的目标实施工作坊中苏珊娜所用的流程稍有不同。由于伯特一开始就确定了目标，所以就不需要澄清目标了。同时，目标也不需要具体介绍，因为在前面的启动会议上已经介绍过了。

伯特把苏珊娜从白日梦中唤醒道：“当你介绍完目标后，让大家转来转去是在干啥？”

“我设置了一个咖啡活动，用传统的方法将大家分组。在那之后，我让小组成员转到别组去讨论，但每组都会有一个人留下来解释本组的想法。”

“哇，这种方法简单却高效。我从没想到过让小组成员转到其他组去讨论。我们的小团队对不同的解决方案进行了很棒的讨论，同时我们也有时间去深入探索相互间不同的想法。”

“这次只有三个小组，所以协调起来比较容易，当大家在讨论解决方案时一切都很顺利。下一次在线上会议中，我也会试着去用这种方法！”苏珊娜品着她的红酒笑了起来。

伯特还想知道苏珊娜是如何顺利地结束工作坊的。

苏珊娜目标实施工作坊的结构

签到

- 苏珊娜介绍工作坊的目标和议程
- 苏珊娜展示出一张欧洲地图，让参与者找到自己的家乡和读书的地方。于是，大家便交流了起来。这个活动非常有趣，也能让大家彼此熟悉

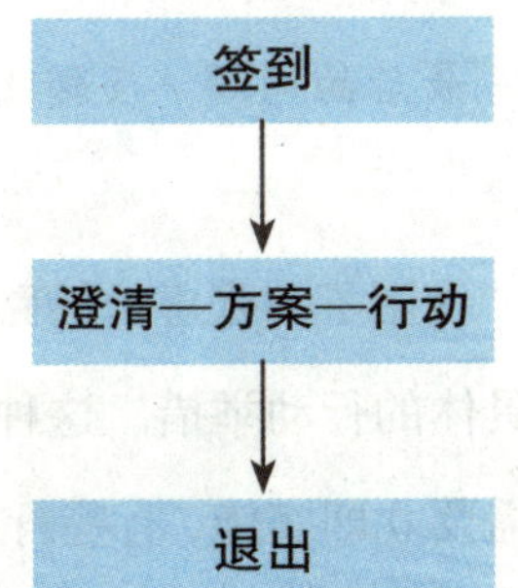

澄清

- 重申上次会议部署的目标
- 障碍和解决方案
- 使用“咖啡”工具。通过三个话题，将会议分成三个小型会议，每个小型会议聚焦一个目标，讨论出障碍和解决方案。之后，每个组留下一人，其余参与者在三组之间流转。最后，优化选择方案

休息

行动

· 苏珊娜使用视觉地图为每一个优选方案设定行动节点

· 参与者写下行动，小组分享并达成一致，并将行动贴在地图上

· 全员一起对工作进行讨论和评估

退出

· 正向反馈环

· 最后的问题 / 反馈 / 评价

“我用了一张虚拟的路径图。大家在路径图上合适的阶段标注具体的行动举措。这种方法一般是这样，有些路径图上的行动需要立即实施，有些行动要过几周甚至几个月后才开始。”苏珊娜提醒她的朋友。

伯特补充道：“基于不同的讨论主题，路径图也可长可短。对于提炼关键行动来说路径图是个好工具，而且也便于监控。”

苏珊娜对伯特的赞赏表示了感谢，接着问他对于那个正向反馈活动的看法。

“那是个很棒的活动，它带给整个工作坊积极正向的氛

围。这是三年来我第一次在公司内收到正向的反馈。”

苏珊娜边笑边解释她选择这个活动的理由：“我对这个活动的效果如何还是有些紧张的。当一个会议的气氛紧张或士气低落时，引导者是不会去用正向反馈环的。如果你用了，大家可能会爆粗口，甚至更糟，什么也不说！那个会议在讨论几个困难的主题：关闭办公室，提升销售额，削减成本……。如果整体氛围是消极的话，我是不敢用这个方法的，但我感觉到大家对提出的各种解决方案积极乐观，而最终这个活动也进一步推动了这种良好的氛围。”

伯特点点头说道：“气氛的确很积极正向，但这仅仅是因为我们在启动会议中已经事先沟通了变化，并且处理了消极情绪。这让团队为接下来的步骤做好了准备并继续向前迈进。”

苏珊娜微笑着。这次的目标实施工作坊是又一次的成功，在诸如削减预算、关闭办公室等不利消息的情况下，他们成功地树立了目标。目标实施工作坊让团队聚焦于目标并让大家的行动协调一致。这是创造高绩效团队的一项关键活动。苏珊娜甚至能够更进一步，帮助团队在这些目标的基础上夯实了具体的行动举措。这对她自己以及她的引导师工作都是一个巨大的进步，她有足够的理由来微笑。

目标实施工作坊的优势和劣势

优势

· 帮助全员理解目标

· 理解有助于团队成员自我规划工作

· 帮助处理障碍

· 促进对行动的一致

· 增加承诺度和责任感

劣势

· 让团队成员拥有更多自行决定的权利，对于团队领导而言意味着失去

不幸的是，F&L 公司内并非每个人都像苏珊娜一样感到满意。苏珊娜销售团队里的一位成员正在恼怒地诅咒着伯特和苏珊娜的名字。这个人对最新确定的一些变化感到相当不满。对此苏珊娜却浑然不知，但她马上会发现并直面该挑战。

为实现以下话题的目标，生成具体的行动提供了有力的工具：

运用目标实施工作坊的情境

- 新技术
- 绩效提升，实现财务指标，学习成长
- 工作方式
- 价值观
- 组织变革
- 团队融合

HANDBOOK OF FACILITATIVE LEADERSHIP

第四章

关键时刻 3：支持目标实施的辅导

利用辅导技术改善会议效果

一周后，苏珊娜正舒适地坐在家里那张她最喜欢的椅子上休息，而此刻她的思绪早已飘到了相关的工作上。

“我对伯特所说的一切感到开心。总体来说，团队的每个人看起来都接纳了变革，准备适应和利用好它们而非与之为敌。但就如何跟进这些具体行动，我表示很担心。有人在继续推动大家前进吗？”

想到这儿，苏珊娜决定跟整个团队再开一个跟进会议，以应对公司正在经历的变革。但当苏珊娜想到之前的年度发展会议时，她意识到这些会议理应积极而富有成效，但事实并非如此。

“看起来人们对发展性讨论带有一些负面情绪。我总是会对他们的想法挑刺。如果我想对他们的表现发表建议，我会试着用富有建设性的方式说出来，但给反馈经常会导致争论，或大家干脆就闭嘴不谈了。”

苏珊娜想到了她最近学的辅导技术，这次将会有所不同。

苏珊娜打开笔记本，开始写辅导会议的邀请通知。

我挚爱的团队成员们：

针对伯特提出的新战略目标，我准备与大家召开一次辅导会议，确保这些新目标的落地实施。基于最近的旅行禁令，在伦敦之外的各位伙伴将从线上参加会议。很快，你们就会收到线上会议的邀请。在会议召开之前，请大家仔细阅读上次工作坊的纪要并回答附件中的问题。我真心希望大家能抽空仔细思考这些问题，这样会给会议带来最大的效益。

此致

苏珊

第一个沟通对象是马修·史蒂文斯。马修很犀利，销售业绩也很好，但他喜欢纠结小细节。她知道这次讨论不会那么容易。去年她和马修讨论的时候气氛有些紧张。马修直言不讳地说他收入太低，对销售团队的一些要求与组织的愿景和价值观不符。当马修进入线上会议室与苏珊娜开始谈话时，她的脑海中一直浮现着这些场景。

他们先谈了谈天气和马修去西伯利亚北部旅游的情况，

之后苏珊娜介绍了这次会议的议程。

“咱先看看你对于邮件中的问题的回答，你可以先具体解释一下，我会参照你原来的计划把听到的新想法和变化记录下来。总的来说，我欢迎你和团队的其他人提出自己的看法，我也很想听到大家不同的观点。我也希望它们都能变成现实。但是，我得考虑预算和销售目标，所以必须控制在一定的范围内。你能接受吗？”

马修回答道，“苏珊娜，你总是有这样那样的限制，但你刚才说得很实际，我很欣赏这一点。对于会议的议程，我没问题。”

这次讨论开始得很顺利。但当马修向苏珊娜提出自己下一年度的销售目标时，她注意到客户拜访量下降了而销售额却提升了。“马修，你想要在提升你的销售额的同时降低客户的拜访量。相信你也记得一周前我们说要提升 25% 的客户拜访量。你能跟我谈谈这个情况吗？”

“这个问题的关键不是客户的拜访数量，而是每次拜访的质量。那些小客户我不打算线下拜访了，只要在线上沟通就行了。同时，我会将精力聚焦在拜访那些大客户上。我总体的客户拜访数量会减少，但我实实在在拜访大客户的数量会增加。”

“所以你认为这样做会给我们带来更好的结果？”苏珊娜问道。

苏珊娜邀请邮件中的问题

辅导目标

· 进一步优化我们在工作坊中探讨的解决方案和行动计划，为每个人制定发展计划

准备工作：请回答下述问题

澄清目标

· 请具体说明，你的业务目标和个人发展目标

· 当今年成功结束后，你认为自己可以获得哪些成就

解决方案

· 什么阻碍了你前进

· 你有哪些解决方案

· 你将对哪些解决方案采取行动

行动

· 你将要做什么？何时做

· 你需要哪些支持来完成计划

“毋庸置疑。俄罗斯新西伯利亚实际上只有 20 个主要的水果分销商。他们很难对付，要求又高，但同时他们也控制着 90% 的当地市场。如果我聚焦在小分销商身上，那对我们的

客户来说会是场经济灾难。”

“马修，你到底打算怎么做？”

“对于这些主要分销商，我打算每个月拜访他们一次。我就待在他们的办公室里，跟他们都混熟了。这意味着每两天我要去拜访一个主要客户。再加上自己的一些日常办公事务，我的工作量就很满了。”

当马修在慷慨激昂地表达着自己的想法时，苏珊娜心里却有很多顾虑。她相信思考这个计划时，马修想得很清楚，但她没完全明白这背后的逻辑。最重要的是，她担心这种做法与伯特正在倡导和实施的完全背道而驰，会让伯特觉得自己的权威受到了挑战。她想了想，然后说道：“我很欣赏你的建议，你说的确实也很有道理，但这跟伯特所要求的完全相左。新的客户拜访数量要求提升 25%，这怎么完成？他已经认为销售人员在办公室里待的时间太多了。你也许可以再考虑一下你的计划。”

“我当然可以按要求做，”马修恼怒地说，“但伯特是错的，他提出这种要求太疯狂了。他的策略是无法达到预期结果的，至少在我现有的客户那儿没戏。”

苏珊娜打断了马修道：“冷静一下，马修。我没要求你完全接受伯特的新战略，但你起码要对他保持尊敬。愤怒、消极和攻击可不是好的沟通方式。”

“别激动苏珊娜！我没有对他不敬。我只是想解释清楚为什么我的想法更好……。”

马修继续在线上阐述着他的客户拜访计划而苏珊娜则静静地听着。确实，马修没有表现出任何粗鲁的地方。

又过了几分钟，马修终于结束了他的长篇大论。苏珊娜思考了一下他的想法，决定让马修跟着自己的直觉走。她说：“好的，马修，我明白你的意思了。如果这样真的可以提升你的销售额，我保证你无须增加客户拜访量，但我们必须紧密跟进这个过程。我需要如何支持你的工作？”

“我的销售额可能会提升上去，但我知道当下个月公布销售活动报告时，伯特看到我的客户拜访量下降时他就该踢我屁股了。你能先跟他事先通个气解释一下吗？”

“没问题，我会先跟他谈谈。我想他多少会理解的。”

接下来的讨论进行得很顺利，苏珊娜和马修很快在具体行动上达成共识。当会议快结束时，马修对这次沟通的过程以及现在公司内部的沟通情况表达了自己的感受。

“这次讨论很顺利。首先，因为通过伯特上次的讲话，我已经知道了大方向。其次，谈话顺利也是因为你把我们谈到的关键要点都打到了屏幕上。”马修在会议结束时评论道。苏珊娜对此表示完全同意。

在结束与马修的讨论后，苏珊娜想进一步改进线上辅导会议。第二天，苏珊娜按照计划与销售团队中的另一位成员贝丝进行讨论。和马修一样，从线上会议软件中传来的贝丝的声音有些生硬和变形，但其他的就不一样了。

“我喜欢你的新发型。”贝丝尖声喊道。会议就这样开始了。这次会议也是在线上进行的，但苏珊娜和贝丝能微笑着看到对方。苏珊娜决定试着用可视会议软件来提升线上会议的效果，目前为止看起来挺管用的。苏珊娜没打算把可视会议软件用于整个会议进程，事实上这也不可能，因为她在会议中要将问题和记录的关键要点都清晰地显示在白板上。她决定只是将可视软件用于会议开场和结尾的时候。当会议开始时两个女人相互微笑，贝丝也给苏珊娜的新发型点了赞时，她们之间产生了情感上的交流和连接。这种情感连接也被带到了接下来的会议中。

会议持续了一个小时，结合苏珊娜用可视软件的效果，同时贝丝又超级外向，她们就贝丝的新销售目标和客户拜访计划分享了诸多的想法。苏珊娜看了一下表，感觉差不多该收尾了。

“贝丝，我想可以总结一下这次会议的情况了。我想请你先总结一下今天会议的要点，然后我们再来达成共识。基于今天的讨论，你最重要的想法和行动有哪些？”

“很简单，苏珊娜。我有两点可以很好地总结这次会议。首先，我需要去接触潜在客户，与他们建立良好的关系，为下一次自然而成功的拜访打好基础。其次，我要去向其他销售团队中的人请教关于成功拜访客户的好点子。我之前拜访的大部分客户都是朋友，那些拜访都很简单。但我希望自己在拜访新客户时能显得更自信、更有能力。”

苏珊娜对这次会议的一切都很满意。贝丝说了很多，苏珊娜在会议开始和收尾时所用的视频方式也给会议创造了舒适轻松的氛围。

苏珊娜和戴夫的会议跟其他人的有些不同。戴夫的销售区域在伦敦市中心，这意味着他住在市内，而且和苏珊娜一样经常在同一个办公室工作。这也意味着他们能够见面谈。

“有一阵子没面对面谈话了，我都快忘了那种美好的感觉了。”苏珊娜一边想着一边仔细地倾听戴夫的话。如果说线上辅导会议算得上成功的话，那么现在的谈话就更棒了，她看到戴夫完全沉浸其中。

戴夫对于伯特的新战略主要关心的是如何在保持质量的情况下达成新目标。

苏珊娜非常喜欢这种思考，她认为尽管大家需要做出调整才能去完成戴夫提出的新目标，但这不能以牺牲已有的卓越工作质量为前提。所以，她拿起笔在白板上写下了“保持质量并达成新目标”这几个大字。

当她写完后，苏珊娜意识到她又从线上会议中养成了一个新习惯。

海报纸！现在把那些关键要点记在海报纸上的话我们两人就都能看到。戴夫能更专注于会议，而且最后我们还能基于此来回顾，并制定相应的行动要点，再总结，给出反馈……

“别管我，戴夫，继续说你的想法。我会把要点写在这儿，这样咱们后面就能回顾讨论了。”

戴夫一边说，苏珊娜一边写。当她写下要点后发现他会很快想到其他的观点。

会议收尾阶段的讨论也非常顺利。当白板纸上写满了会议中谈到的要点时，戴夫和苏珊娜就有了所有需要的信息来讨论新的战略及其对戴夫的影响。有了这些白板纸上的信息作为参考，戴夫很快就知道了自己的具体行动要点。苏珊娜发现，在她记录并展示出会议的要点后，戴夫的解决方案和行动举措间的关联更清晰了。

在这次会议结束后苏珊娜做了个决定，以后的会议上要尽可能多地记录重要信息。如果说从她与戴夫的会议中得到了什么重要启示的话，那就是记录要点是一项重要的任务。

分析：辅导的目的及作用

这是一本关于如何领导团队的书——而非领导个体。然而，我们还是在此增加了一章辅导的内容，这是领导个人的活动。如果一定要我选择某项跟进团队绩效的活动的话，我会选择项目进展会议，这些内容会在第十章中介绍。在项目进展会议中，领导者会帮助参与者看到工作的整个画面，激发他们的积极性以及协调他们的行动。辅导帮助人们更清晰地思考，同时它也是一个聚焦工作目标和促进个人绩效的有力工具。

辅导的主要目的是澄清目标和夯实行动举措。同时，辅导也能帮助每个团队成员开发自己的潜能。当清晰了任务计划，定义了所需能力，那么未来该怎么做也就明确了，对于团队和个人都是如此。

苏珊娜辅导会议的结构

准备工作

· 提前将问题发给大家

签到

· 暖场交流

· 苏珊娜介绍辅导的目标，自己的角色，流程步骤

澄清

· 请具体说明，你的业务目标和个人发展目标

· 当今年成功结束后，你认为自己可以获得哪些成就

解决方案

· 什么阻碍了你前进

· 你有哪些解决方案

· 你将对哪些解决方案采取行动

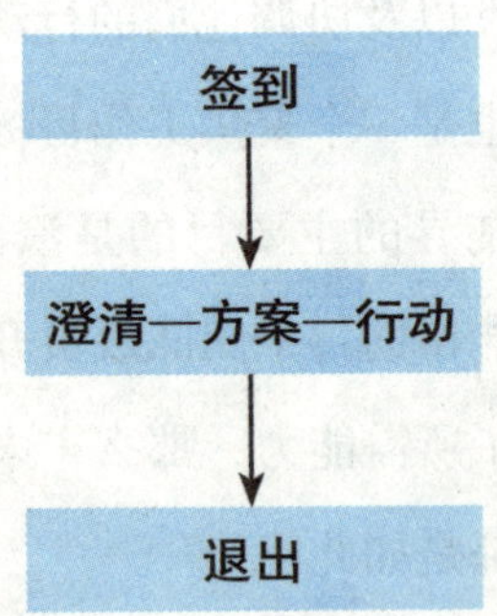

行动

· 你将要做什么？何时做

· 你需要那些支持完成计划

退出

· 你对本次会议感觉如何

对于苏珊娜来说，辅导是一个重要工具。她认为，这些讨论是否有建设性并且鼓舞人心格外重要。她尽可能地让大家参与到会议中，激发出最多的承诺。这也是她运用辅导技巧，而非直接告知大家要做什么和怎么做的原因。在每一次辅导会议前，她都会给团队发送一个包含关键问题和思考领域的清单。这样，谈话就变成了双向沟通，销售团队的每个人都会事先准备好与苏珊娜的谈话内容，而不是仅仅准备去听会。

一个辅导型领导会通过提问来帮助员工寻找答案。这些问题会激发思考，而且因为是员工自己找到的答案，辅导会议能创造出更多的动力。在辅导中所用的关键工具就是提问，包括业务和个人发展目标、员工现在面临的挑战、解决方案以及行动举措。

会议中苏珊娜并非一直在辅导。即便这种方法能够带来最好的承诺度，她也绝不希望团队按照自己的需求去决定怎么做。作为团队领导，苏珊娜也想要影响讨论的方向。在她没点头前，她不会让任何一条建议开始实施。她一直在谈话中寻求达成共识。这也是为什么她让每个人先发表和解释他们的想法，接下来她会阐明自己的观点，并对一些想法表示赞同，这些想法有助于双方在问题点上达成共识。

苏珊娜所用的方式中也有一些难点。如果员工提出了一个想法而苏珊娜不同意，该怎么办？这会让员工感到气愤和不受重视。其实，解决这个问题有许多种方法。首要的原则是对所有员工提出的建议表示感谢和理解。接下来再谈谈可能的困难和障碍，然后再问问员工的想法。比如，“马修，我理解你很想参加这个课程，但我们今年的培训预算不足。请你想想是否还有其他的方法来学习这些销售技巧？”

如何处理员工的建议

- 接受想法
- 致谢并表达对这个问题的欣赏
- 优先排序
- 需要的时候，坚定拒绝
- 建议其他方案
- 暂时搁置，表示会在未来对其进一步思考和优化
- 最后，表达对共识行动的承诺

苏珊娜在线上会议做记录，后来也在线下会议室里采用类似的方法。这种实践引导工具叫作“团队记忆”。团队记忆是一种会议中的视觉记录，它能帮助聚焦团队的注意力。当苏珊娜把这种工具用到会议中，的确给她带来了不少好处。她不但解决了信息遗漏问题，而且还大幅提升了会议讨论的质量。

总的来说，人的特点是在同一时间只能处理一个想法。当出现一个以上的想法时，细节会变得模糊不清，内容则更加含糊。人类的记忆时间是短暂的，而会议中充斥着各种新信息。缺少团队记忆，就很难记住大量的内容。团队记忆就像是对人类大脑的延展。所有要点都被记录并展示，以备接下来的会议之需，这使得更为充分和复杂的讨论得以成行。

在大型会议中，“团队记忆”能让新的想法被更多人接受。会议领导者在记录信息时不会关注是谁说了什么，仅仅是记录下关键信息。就这样，当一个想法或思考被记录下来后就不属于任何个人了。接下来，当团队要参考记录的团队记忆时，所有内容都在那里。具体的某个想法不属于任何个人，取而代之的是它们变成了团队共享的宝藏。

在她与戴夫的会议中，苏珊娜努力辨识谈话中的关键要点，并将其记录在海报纸上供他们讨论时参考。当戴夫想出行动要点时，他也会运用苏珊娜写下的信息，接着往下记录。自然而然地，在充分理解问题的基础上，产生了相对应的解决方案和行动举措。没有运用团队记忆工具，就很难产出逻辑上清晰对应的解决方案和行动,信息被遗漏时逻辑自然会出现问题。

团队记忆是一种重要工具，它也应该成为线上和面对面会议中的“常客”。对于会议领导者来说，最有效运用团队记忆的方法是当要点出现时就把它们写下来，不管是在海报纸还是线上的白板上。如果你用的是海报纸，写满一张，把它贴到墙上再开始写另一张。这样每个人都能在会议中看到所有的记录信息，他们也能很容易从一张海报纸跳到另一张，并将其当作宝贵的“大脑延展”。

团队记忆的重要性

苏珊娜的辅导工作坊很成功。她列出了员工的想法和其他信息，促使他们去更好地执行已有的战略行动。苏珊娜在运用她自己的方法时也表现出了很强的适应能力。当会议中出现问题时，她会主动承认并做出调整去修正错误。总而言之，她对辅导会议的成果感到高兴。但是，苏珊娜的世界中也不总是阳光和鲜花。毕竟每个行动都有其另一面，让马修不管新政，按他自己的想法去做，这直接违背了老板的意愿。而当伯特发火时，问题就严重了。

辅导的好处、挑战及用途

好处

· 帮助员工反思、思考和理解

· 赋能，创造承诺感

· 进一步统一活动和行为

挑战

· 如果团队领导有了答案或解决方案，辅导并不是好的方法

应用

· 帮助目标实现的有用工具

HANDBOOK OF FACILITATIVE LEADERSHIP

第五章

关键时刻 4: 问题解决工作坊

伯特与马修之间的矛盾

在与销售团队进行单独的教练谈话后，苏珊娜对事情的进展非常有信心。大家热情洋溢地思索着各种适应新政策的方法，甚至有些人，如马修，认为自己有比原计划更好的想法。经过仔细地考虑，苏珊娜对马修提出的减少销售拜访总量、花更多时间培养大客户的建议非常认同。现在，好的建议从基层涌现并反映到上层，而不是由伯特或者苏珊娜提出，她对此非常开心。

说到伯特，哦，他正在发火！而可怜的苏珊娜正在电话一头忍受着他的愤怒，努力想在一连串的怒吼中插话。

“你为什么跟马修说不需要执行我们的新政策？这让其他销售人员怎么看？整个战略都因此失去威信！我作为领导的权威被你彻底地践踏了——销售人员发现，我刚刚制定的计划他们都可以不遵守！告诉我，苏珊娜，你到底是怎么想的？你对我不满，也不至于想出这种损招来报复我吧？”

苏珊娜忙抱歉地解释道："听我说，伯特。我想你是……？"

"不不不！你现在必须让马修听从新政策！"

"好的，没问题。但马修的确有自己的见解。"

"如果你有你的见解，那就必须拿出证明。你的证据在哪儿？你只是想让马修减少工作量。只是这样！"伯特烦躁地说道。

苏珊娜让伯特冷静了几分钟，接着问道："我们难道不应该给马修一个解释想法的机会吗？"

伯特没说话。苏珊娜知道，伯特这个人虽然脾气暴躁了些，但他依然是讲道理的。他会明白，依目前的状况来看，让马修公开解释自己想法是最好的解决办法。正如苏珊娜所料，伯特停顿了一会儿，接受了这一提议。

"听着，我就为马修这次会议解除一次差旅禁令——尽快安排他来伦敦办公室，我们三个人一起开个问题解决会。"

苏珊娜马上安排了下去。她是一个讨厌冲突的人，所以对要面对这两个人——愤怒的伯特和顽固的马修，苏珊娜感到非常不情愿。然而，要想召开一次成功的会议必须提前做好周全的计划，她不得不在会议召开前一晚思考议程。第二天，当她看到伯特和马修走入会议室的时候，她已经充满了信心。伯特和马修之间的紧张关系显而易见：伯特时不时地将盯着咖啡的目光转向马修；马修也不甘示弱，装作非常冷静的样子漫不经心地转动着手指。

“欢迎来到我们的问题解决会。”苏珊娜说，“两位都对增加销售额提出了自己有趣的见解。我也知道两位对自己的想法都非常有信心，认为是达到增加销量这一目标的好方法。我想首先邀请两位思考一个问题：目前影响销量的核心问题是什么？这也是本次会议的目的——找出阻碍我们销售更多产品的因素。现在，两位可以就此谈谈各自的观点吗？”

“我对接下来的谈话非常感兴趣，让我们开始吧！”伯特快速回答道。

马修却不紧不慢地说道：“在两位领导面前谈自己的观点，我还是有点担心的。我的观点如果与你们的不一致，该怎么办？我不是一个宗教信徒，但我可以实话告诉你们，我正在祈祷上帝，希望你们不要因此对我心存怨恨。我的内心在不断地告诉自己要少说话，所以现在我很难做出好的判断。”

于是，伯特和苏珊娜宽慰马修说，只要开诚布公地讲出他的真实想法就好，不要有其他顾虑。于是，会议开始了。

“那么，让我们首先来定义一下问题表现出来的症状。”苏珊娜提议道，“我们都对销售量感到担忧，对吗？”

“没错！目前销量不足。为了公司能继续存活下去，我们必须增加销售量。”伯特说。

苏珊娜拿起笔，在会议室前方的白板纸的右侧画了一个圆圈，又在圆圈内部写了“销量不足”四个字。

苏珊娜继续问道：“好的。现在我们继续思考：销售量不足的核心原因是什么？大家是怎么想的？”

伯特回答说：“销售人员拜访客户数量与销量有直接关系。销售团队如果可以多拜访客户，销量必然会提升。”

“好的。那拜访量少是什么原因造成的？”

“销售团队缺乏动力！”伯特喊了起来。一旁的马修怯懦地加了一句，“没有时间。”

“那是什么导致了这样的情况呢？”苏珊娜追问道。

伯特继续大声说道：“销售团队缺乏动力是因为他们没有被好好管理。需要有人推动他们，激励他们。”

苏珊娜制止了伯特的发言：“伯特，现在我们不讨论解决方案，而是先确认问题。”

马修继续说道：“关于销售人员没有时间的问题，我的解释是这样的：他们忙于办公室的日常事务。这些事务出现的原因是缺乏合理的工作流程和角色分工。这归根结底是由于管理层对工作流程的疏忽，是因为他们对细节持不屑一顾的态度。”

马修大胆的言论使苏珊娜紧张地屏息注视着将要发怒的伯特。然而，伯特的反应令人吃了一惊，他立刻回复道：“管理层的确与我们联系得太少了。我认为大家真的不理解目前发生的一切。”

伯特出乎意料的态度，让会场突然安静了下来。会议的气氛变得又有趣又有些危险。苏珊娜决定继续她的提问。

“大家认为管理层的这种态度是什么原因呢？没有人回答吗？那我们必须继续寻找问题的根本原因。让我们从头来梳理一下。有人对目前销售额不足的原因提出其他想法吗？”

“当然！”马修说，“销售人员在错误的客户上浪费了太多时间。这是由于我们缺乏对客户的分类。有些客户一个季度只购买一单,而有些大客户一次性就可以购买百万元的货物。但是我们因为偷懒，把同样的时间分配给了他们。这根本就不合理！”

苏珊娜继续带领大家讨论和分析原因，画面变得越来越清晰。等到足够的原因被提出来以后，她感觉是时候进行下一步了：选择最相关的那些原因并开始改变。

“好的，现在让我们在这些原因中选出最有影响力的、我们能够通过努力改变的因素。”苏珊娜指挥道。

像往常一样，伯特最先说出了自己的想法：“我倾向于选择‘管理层对待细节的不在乎’，但转念一想，他们已经开始改进。所以我认为，我们应该先至少解决客户分类及销售流程两个问题。你怎么想，马修？”

马修点头表示同意。于是，两个人又热烈地讨论了起来，苏珊娜则在一旁写下了重点信息。之后，苏珊娜把会议引导到

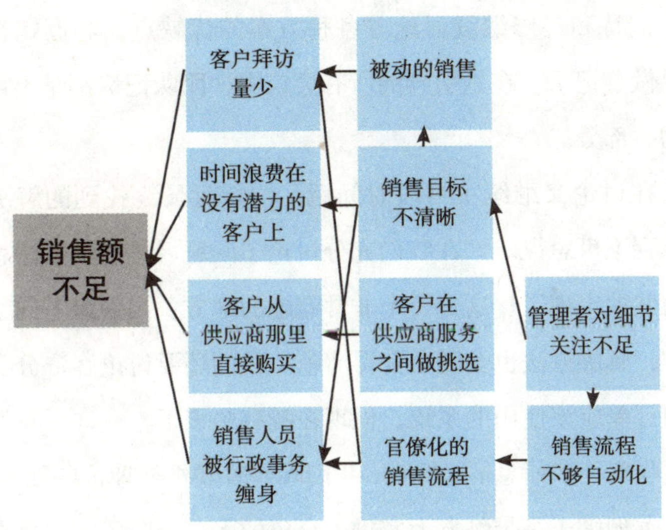

图 5–1　根源分析技术的重要部分：现状分析树

下一步骤——“接下来，让我们头脑风暴一下解决方案吧？”

“我认为第一个方案是显而易见的。”马修说，“我们必须着手进行客户分类，然后创造一个新的订单系统。”

“我完全同意这一建议——把中小客户和大客户划分开来。我们之前居然只有‘零售客户’‘商业客户’‘国际客户’三个标签，想想也挺荒唐的。我也同意你说的新的订单系统。一些供应商存在自动下单的情况，自动系统只会占用公司很少一部分资源，也会为销售人员节省时间。”

伯特和马修继续讨论着各种方案的优缺点，苏珊娜在白板上做着记录。在她引导的所有会议中，团队记忆都是不可或缺的一部分。

在讨论又继续了一段时间后，伯特对最终找到的解决方案感到不可思议。“在我们充分讨论了问题后，解决方法就自然而然地出现了！这是一个非常有趣的地方：当你思考问题本身时，解决方法也会随之变得清晰。我们还要讨论客户分类、处理订单应该使用的系统，但现在我有些累了。或许，我们应该先收集一些信息。这样吧，我们晚些时候再处理这些细节。”

苏珊娜于是带领着大家进入会议的下一个阶段。“那么，两位先生，在会议结束前让我们阅读一下白板上的内容。这里我罗列了所有讨论出的解决方案。请大家把它们记在心里，并回答：1. 你计划做点什么以确保这些方案被落实？ 2. 你的下一步行动是什么？伯特？马修？”

“我与客户的沟通经验比较丰富，我可以针对如何分类客户写一个计划书。”马修建议道。

伯特点头称是。“这个建议非常好！我非常想看到你的计划书。我也会开始收集销售信息，以便更好地进行客户分类，也是用行动证明我在改变自己的傲慢态度。我想，这些数据结合马修在工作中发现的问题，一定可以创造出更好的客户分类系统。另外，我会让 IT 人员开发一个自动接收订单的系统。

最后，我会跟上层管理层讨论今天的问题，相信其他部门也有相同的感受。”

“现在，如果你们二位不介意我暂时脱离引导者的角色，我想申请与 IT 人员一起工作，这样能确保他们做出来的系统是我们切实需要的。”苏珊娜一边补充道，一边把讨论出的行动计划写了下来。“现在，我把所有写在白板上的内容拍照备案。我还会做一页 PPT 罗列今天讨论的行动计划并发给大家。这样,对于后续几周我们要如何跟进就会有非常具体的思路了。三周过后，我们会做一次跟进会议，看看执行情况。”

是时候进行最后一个环节——退出环节了。苏珊娜询问马修和伯特他们对会议的感受。

“我没有什么要担心的。我觉得会议取得了非常好的成果。”马修轻松地说道。伯特和苏珊娜点头同意并对马修表示感谢。于是，马修离开了会议室。

马修走后，伯特和苏珊娜继续交谈。

“这是一次很好的体验。马修证明了自己是正确的。他可以成为一名比我好的总监——当然，我可不会在他面前这么说。”伯特像是自言自语地说道。

“我认为你是一个好总监，伯特。因为你懂得什么时候要倾听。当然，马修也是个好伙计！”苏珊娜回答说，她的声音里透露着一种自信和愉快。

分析：问题解决型会议的成功运用

问题解决型的会议通常会引起冲突，使得此类会议成为最难引导的会议之一。当大家变得情绪化的时候，理智和清醒经常会离我们而去。这虽然正常，但依然需要克服。为此，问题解决型会议必须拥有强大的结构和清晰的轮廓，帮助会议引导人在出现冲突时渡过难关。苏珊娜对此心知肚明，她运用下面的结构引导此类会议。

首先，她专门设计了签到环节，让伯特和马修放松情绪后讨论会议议程。在这个环节中，马修表达了对于直接向老板说明意见的担忧；伯特和苏珊娜立即安慰了马修，告诉他即使这样会产生冲突，真诚地表达意见远比强迫自己服从并不认同的命令要好得多。

签到环节在问题解决型会议中极为重要，因为它可以帮助缓解双方的紧张情绪，或者说，它至少为大家在会议议程上达成统一提供了机会。虽然这不是什么重要的一致，然而它却奠定了会议的基调——“合作”。

苏珊娜的问题解决会议的下一步是确定真正的问题。这一步不仅仅要指出冲突，而且要运用更专业的工具回顾过去的问题征兆，从而分析并明确目前的问题。为此，苏珊娜使用了工具——根源分析。

随着问题被界定清晰，会议参与者在接下来的两个环节中制定解决方案和行动计划，即方案环节和行动环节。方案环节是一个头脑风暴时刻。在这个环节中，大家在安全的氛围中尽情分享关于解决问题的主意。行动环节则要求针对前面探讨的方案做具体的行动说明。如果只是一句笼统的“我将尝试做一个更好的聆听者”，将不能在此环节过关。我们需要的是具体的、细节完整的行动步骤。比如，这样的陈述就会更好：“我将读完《聆听——被遗忘的技术》这本书，并在附近的商业学院修读商务沟通这门课。”这些步骤可以被追踪，并会导致变化，而不是一个模糊的宽泛的陈述。

最后，会议以退出环节结束。这时会让大家回顾会议中发生的事情。如果与会人员有任何问题，可以在这里提出。这个环节非常直接和简单，但能起到让参会者心里舒服的作用，并且通常情况下可以让大家对于会议重要性及其有效性产生统一的意见。它允许个人澄清，更好地准备他们根据刚刚讨论的解决方案和行动采取措施。

苏珊娜的面对面问题解决会议结构图

签到

· 小组讨论会议议程，会议参与者说出自己的担忧、提出问题

澄清问题

· 根源分析法确认“销售额不足”的根本原因，选出最重要的问题

解决方法

· 苏珊娜带领大家进行小组讨论。在讨论过程中，苏珊娜使用工具“团队记忆”，对讨论内容做记录

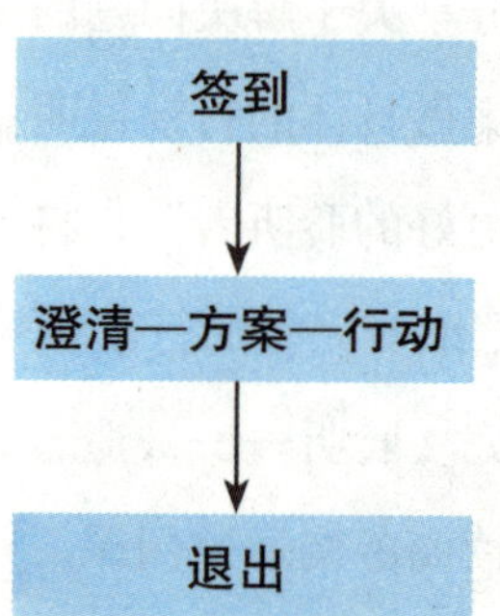

行动

· 伯特、马修和苏珊娜思考为了实现上述方案可以采取的行动计划。苏珊娜将这些行动写在白板纸上，并稍后以邮件形式发送给伯特和马修

退出

· 苏珊娜请马修和伯特谈谈关于会议的反馈意见

虚拟环境下的问题解决会议遵循与面对面问题解决会议同样的结构。在两种会议中，苏珊娜都会使用根源分析和团队记忆两个工具。因为会议环境不同，苏珊娜做记录的方式也由笔和白板变成了键盘和虚拟白板，这使得人们的交流途径发生了变化，也就影响了整体的相互作用场域。

很多人会觉得面对面的问题解决会议会相对容易一些：紧张情绪可能会高涨，要克服冲突或分歧，大家需要友好和了解，不是吗？所以在面对面的情境下，大家可以感知到别人的情绪，从而更好地了解他们，对吗？然而，事实并非如此。虚拟环境反而在此类会议上拥有更多优势。线上会议的确缺少人情因素，但这有利于解决问题的流程。只要会议引导人正确地使用团队记忆工具，将大家交流的主要内容记录下来并呈现在所有人面前，那么会议的重心自然会转向团队记忆的部分，而不可能聚焦在几个人之间的情绪上。另外，诚实的反馈更容易出现在虚拟环境上，因为大家不用担心看到别人对于自己的话做出的反应。

根源分析

开完问题解决会议的第二天清晨，苏珊娜正在办公桌旁一边浏览着邮件，一边喝着拿铁。这时，伯特突然“闯”了进来。

“早上好，苏珊娜！你昨天开会的思路——先罗列问题再决定问题起因——真是太聪明了！”

“谢谢，伯特！”苏珊娜开心地说。

伯特继续坐在那里，看着苏珊娜，最后终于尴尬地问道：“嗯，那这套方法到底是什么？”

“他们将其称为根源分析。它能帮助你定义真正的问题，尤其是在情况比较混乱的时候。其基本原则就是探索各种因果关系，然后分析出逻辑关系，递进到五层。在做了如此多的分析之后，你就可以找到问题的根源了，当然你也可以看到人类大脑在处理因果关系层上的极限。”苏珊娜开玩笑道。

“这真是太妙了！我希望我们的管理层也可以试一试。”

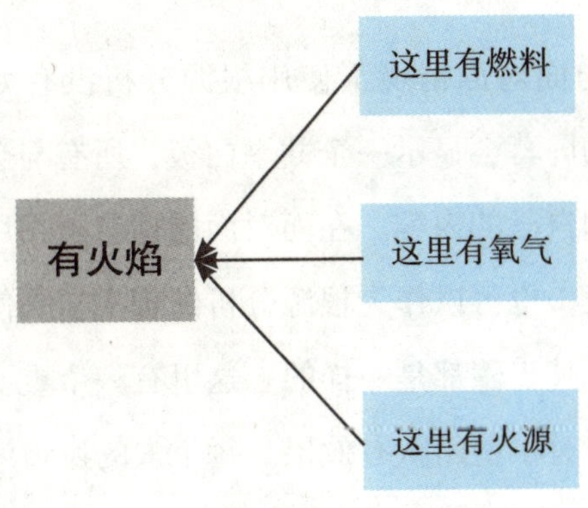

图 5–2　原因和结果的关系

根源分析最吸引人的一点是，它帮助你将视线越过表征现象以及问题导致的不良后果，从而直达其根本原因。经常使用根源分析，可以让我们对问题的分析更加深入，避免经常犯的错误——集中精力在不重要的问题上。苏珊娜使用的根源分析工具叫作现实树，这个工具在团队中使用非常有效，可以起到团队建设的目的。团队成员可以一起找到问题的真实原因并生成解决方案。在苏珊娜引导的问题解决会议上，我们看到她首先用问题造成的不良后果——销售量不足——开场。之后，他们进行了五层分析，找到了根源——管理层的傲慢态度。一般而言，经过五层分析即可找到根源，而问题的根源通常关于态度或信念。

在线上与面对面情境下使用根源分析没有太大的区别。在线上，你的屏幕会显示一个共享白板，所有与会者可以远程在白板上添加自己的内容。在面对面的情境下，用即时贴等将想法贴在墙上，也可以作为根源分析的现实树来使用。不管运用哪种方法，其步骤都是一样的。这里有一个重要的细节是：根源分析仅仅对小型团队有效果。每个人的逻辑体系都是复杂的，如果在大型团队中依然要对所有逻辑体系一一讨论、分析和分享的话，其工作量是巨大的。使用根源分析的团队建议不超过六个人，最好是三个人。

苏珊娜对这些积极反馈感到非常开心。毕竟，引导者作为会议过程的设计和监控人的价值并不是每次都会被认可的。人们有时候只是对会议讨论内容和得到的结果表示满意。苏珊娜之前运用过最典型的问题解决流程：问题—方案—行动。这次，她对自己使用了根源分析方法来澄清问题的做法感到非常自豪。这是因为从过去的经验来看，企业往往在还没有认清问题本质的情况下就开始解决它。根源分析对于澄清目前面对的复杂问题是一个非常有价值的工具。然而，如果你希望创造全新的想法，它并不是特别合适。

根源分析的六个步骤

· 以问题导致的不良后果为基点，层层建立原因——结果链
· 不断罗列导致这个后果的各方面因素
· 思考这些因素之间的逻辑关系，并在具有因果关系的因素间用箭头标注
· 选出根源因素（就是那些箭头全部外指的条目）。如果一个根源因素占据了多于 70% 的征兆，那么它就是一个核心问题
· 画出你的影响圈
· 在你的影响圈里面选择一个或多个问题

关于销售人员必须拜访的客户数量的争论，是一个典型的体制层面的问题。伴随着销售额的减少，最明显的解决方法就是让销售人员动起来。如果整个体系不能良好运转，人们就会相互指责。只有通过深入地了解组织体系，我们才能创造出更好的组织形式。

关于根源分析的优势、挑战和应用场景

优势

· 问题往往在不同层面出现。根源分析让人们更好地看到本质

· 这是一次绝佳的开阔眼界的机会。人们倾向于只看到问题表面，而问题的实质通常会让人大吃一惊

挑战

· 每个人的逻辑思维方式不同，这使得共识并不是一件容易达成的事情，尤其是在大型的组织中。如果一群人无法达成一致意见，或许可以先试着找到人们关于问题本身的共识，而不是强迫所有人在弱逻辑关系中统一

应用

· 有利于让争吵的人们就问题达成共识，看到争端的本质。如果无法统一人们对问题的看法，就无法对解决方案达成一致

· 在澄清复杂问题时有效

“我在这方面越来越在行了！”苏珊娜觉得要给乔治打一个电话炫耀一番。苏珊娜滔滔不绝地向乔治讲述着自己如何运用根源分析和其他引导工具解决了伯特和马修之间的冲突。她现在感觉好极了，所有的工作压力仿佛都在千里之外了。但是，不要高兴得太早哦，苏珊娜。生活总是起起伏伏，你很快又要面对它的另一面了。

HANDBOOK OF FACILITATIVE LEADERSHIP

第六章

关键时刻5：关键影响人沟通计划

运用引导型技术缓解压力

现在是晚上 10 点 44 分，苏珊娜还没有入睡。此刻她在办公桌前发愁：公司里的事情进展顺利，她的团队也渐渐适应了最近的变革，然而她依然感到压力在增加。

“我讨厌这种感觉。”她自言自语道。

“这太可怕了！每当有人不知道该如何是好的时候，他们就打电话问我——即使这个问题与我毫不相干。难道他们不知道我也有一大堆工作要处理吗？这太让人抓狂了！不行，我要改变这种状况。”

苏珊娜知道此刻必须做点什么了。她打开笔记本电脑，写道：

亲爱的梦之队：

诚邀大家参加下周五的线上会议。会议目标是制定一个关键影响人沟通计划。我们需要与谁沟通时间最多？我们要如何与这些人交流？我们可以减少与哪些人的沟通时间？这些人应该由谁去对接？请记下上述问题。会议将于10点开始，点击下面的链接即可进入。

苏珊娜

周五到了，苏珊娜一大早就打开了电脑。有10个人接受了会议邀请，剩下的5个人拒绝了。马修特意给苏珊娜写了一封致歉信，告诉她虽然会议很有趣，但他需要拜访重要客户，无法出席。苏珊娜感谢马修的回信，虽然对马修不能出席感到失望，但她明白他为什么不能出席。

会议在10点如期举行，苏珊娜坐在办公室里等待所有人登录进入。在这个空当，她在讨论群里贴出了一则信息：

你期待今天的会议收获到什么？你希望会议结束后，哪些问题/争议会得到澄清？请自由写出自己的想法。

大家显然在签到环节表现出了强烈的兴趣。丽塔的发言基本代表了总体情况：

我们的工作看起来很混乱。我希望了解我们应该把精力集中在哪些人身上以及这样做的原因。

苏珊娜首先问候了到场的同事，并向他们展示了今天的会议框架。她说："我们作为一个团队，能够取得成功并非只凭借我们自身，我们也需要团队以外的帮助，这些人有的来自别的部门，有些来自公司之外。这些可以为我们提供帮助的人我们称为"关键影响人"。请大家想一想我们的关键影响人有哪些，并写出来。我给你们三分钟时间。"苏珊娜于是点亮了群组讨论的屏幕。慢慢地，屏幕上显示出了一个个名字。五分钟后，20 多个名字出现了。

等大家把关键影响人都罗列好，苏珊娜又拿出了一块新的手写板放在屏幕上让大家看。

"在这块手写板上，你可以看到两个轴。横轴代表关键影响人的影响力水平，左边代表低，右边代表高。纵轴是态度轴，即他们对你的看法，他们喜欢你、讨厌你、对你漠不关心等，我们可以根据他们的态度把他们放在轴线的相应位置上。从下往上，态度由坏变好。现在，我们每个人都把这些关键影响人放在矩阵的相应位置上。如果你对某一个关键影响人的位置有不同意见，你可以将他移动到别处。我们先是各自思考和决策，之后我会留出时间让大家讨论。现在，请大家不要交流。"

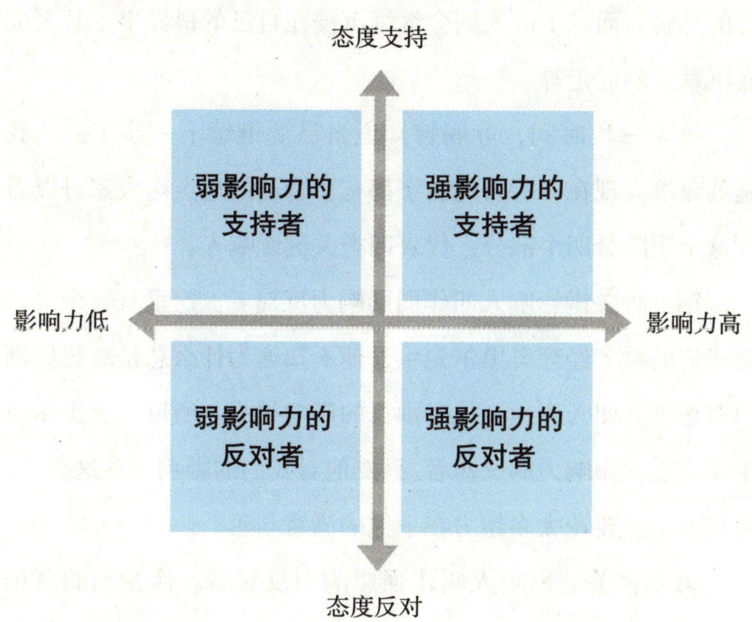

图 6–1　关键影响人意见和影响力关系矩阵

苏珊娜看着名字在屏幕上显示了出来。从大量的移动中，她知道大家的意见有很多分歧。又过了一会儿，所有的名字都有了合适的地方，不再变动了。

作为一名资深经理，苏珊娜明白在让大家讨论之前留白一段时间，可以让他们安静思考，批判性地总结自己的观点。如果没有留白，立即启动讨论，有些人会立刻活跃起来发表自己的见解，而剩下的人则会继续沉浸在自己的世界里，甚至彻底沉默，然后走神。

等了一段时间，苏珊娜知道自己要继续下一步了："我是苏珊娜。现在，所有的名字都有了合适的地点。大家可以看到这个矩阵分四个部分，代表四类关键影响人。

第一种关键影响人叫作弱影响力反对者。这里有一个人，是我们的财务经理奥黑尔先生，他不知道为什么总是对我们部门有意见。谢天谢地，他对预算的影响很小。所以，奥黑尔属于没有太大影响力的反对者。只要他对我们的影响一直这么小，我们就不需要花太多精力在乎他的满意与否。

第二种关键影响人叫作强影响力反对者。像我们的营销经理沃特森先生那样，对我们团队的很多项目都不支持，然而，倒霉的是，他对我们的营销预算有直接的控制权，所以可以在很大程度上影响我们的成败。他是个有威力的反对者。显然我们需要了解让他烦心的事情，并且配合他解决困难。像他这类人群，就是我们需要投入大量时间和资源争取的。

我们还有许多虽然没有影响力但支持我们的朋友，他们是我们可以团结起来达到目标的人群，这一类人被称为第三类关键影响人。拥有他们是件非常好的事情，然而不幸的是，他们无法决定最后的成败。

最后一类人，如我们的重要客户葛迪萌女士，属于有影响力的支持者。她乐于帮我们宣传，让全世界都知道我们生产的水果是最好的！除此之外，她还有大量购买产品的能力，这会从根本上对我们产生影响。我们需要认真考虑如何一直让她满意，这样我们才会一直拥有她的支持。

现在，我将大家分成三组。每组会对八位关键影响人进行讨论。我需要每组根据矩阵上的四种类型的关键影响人，想出具体可行的沟通策略。请大家将想出的点子记录在白板上。准备好了吗？现在，你们有 30 分钟的时间。”

大家热烈地讨论了起来。半小时后，三个组融合成一个大组。他们似乎做得非常好，许多奇妙的主意都被提了出来。

“我是苏珊娜。大家做得很好，不仅找到了关键影响人，也想出了许多有效的沟通策略。接下来，我们开始分配角色，为你确定你需要对付的关键影响人。不过，首先我还是要阐明规则。你可以自愿进行选择，只需要在关键影响人旁边写上自己的名字。不过，作为你的老板，我负责统一所有人的工作，所以我保留最终的决定权。”

“我有个问题，”托尼问道，“你所说的‘你需要对付的关键影响人’是什么意思？比如，我有一个重要的人需要经常沟通，别人首先选择他作为沟通对象。那我要忽视他吗？我能继续与他谈论事情吗？我不太明白分配一个人专门与关键人物对接的意义，因为我们所有人显然都需要与每一个关键人沟通。”

“谢谢你的问题，托尼。关键影响人分析，其背后的逻辑是确保团队每个人都了解如何在与团队之外的重要人物沟通时优先分配资源。还记得去年我们争取差旅预算的情景吗？”

那次不愉快的经历，大家当然不会忘记。一年前，整个销售团队迫切地想要增加预算，于是大家开始不停地找老板伯特。伯特最后忍无可忍，甚为恼火地对苏珊娜大吼。虽然事情以销售团队获得预算提升结束，但是伯特却一直对此耿耿于怀，指责这一切是多么可恶。

苏珊娜于是解释说：“这就是我们要向每位关键影响人分配一个人专门对接的原因，以防去年的事情再次发生。当然，你们都可以如往常一样与关键人沟通工作，但你们不需要寻找机会与其讨论项目或尝试赢得他们的支持。”

会议继续进行着，关于工作与职责的划分顺利完成。大家都欣然地接受了自己的任务。罗斯将自己的名字写在了大客户葛迪萌女士的旁边；托尼决定接受挑战，选择了营销经理沃特森先生。苏珊娜对大家的表现非常满意。然而，不完美之处是，还有一位关键影响人的旁边没有负责人。

这个孤独的关键影响人就是伯特。伯特虽然一贯支持销售团队并对他们的工作感到骄傲，但他毕竟是公司的高层管理者，拥有巨大的权威，所有的这些都让大家对他望而生畏。

“难道没有人想选伯特吗？”苏珊娜问道。然而，整个会场却鸦雀无声。

最后，丽塔打破了僵局：“我是丽塔。苏珊娜，我为伯特是一个如此难缠的家伙感到抱歉。他对开展业务的新计划或不切实际的想法有着疯狂的迷恋。我可以理解你希望其他人代替你来对付他。但你毕竟是销售团队的领导，你应该自己面对自己的上级。”

“可恶！真话听起来总是那么令人难受。”苏珊娜一边在心里默默地抱怨着，一边把自己的名字写在了伯特的旁边。

现在所有的关键影响人旁边都写上了对接人的名字。

“大家辛苦了！”苏珊娜对团队成员说道，“会议结束后，我相信你们都对与关键影响人沟通时如何分配资源有了更好的认识。我也很高兴地看到，你们每个人都有了一个重点沟通的关键人。我希望，新的方式可以帮助我们简化内外沟通流程。我稍后会将每个人负责的关键影响人做成一张表格发给所有的销售人员。好了，大家还有其他问题吗？”

“我有问题。”罗斯说，“比如，在一两周以后，我想和另一个同事交换所负责的关键影响人，那我们应该怎么操作？我觉得这件事情还是先跟你确认一下比较好。”

苏珊娜听着罗斯的问题，脑海中浮现出了这样的景象：大家一个接一个地来到她面前，询问关于交换关键影响人的事情。“如果是这样，我们的会议就算是白开了。他们不会问我如何与关键影响人沟通得更好，而是问我是否可以跟某个人交流。我要在这个问题出现之前就解决掉它。”

“谢谢罗斯的问题，非常好！你们如果需要交换关键影响人，并不需要经过我的同意。我会建立一个共享文档，大家都可以自行修改。这个会议希望达到的目的是授权给你们每个人，而让我在关键人沟通的过程中的角色逐渐隐去。”

看到大家都没有其他问题了，苏珊娜让大家对本次会议做出评估：1 分最低，表示会议很糟糕；5 分最高，表示会议非常好；中间数值依次排列。看到大部分人给出了 4 ~ 5 分，苏珊娜表示很高兴。

分析：如何分辨关键影响人

本章开篇时，苏珊娜面临着很大的工作压力：作为整个团队的沟通中心，她备感忙碌。团队中对如何与团队外的人沟通缺乏共识：谁应该同客户沟通？谁应该与供应商沟通？因为她的团队没有确认与各个关键影响人沟通的责任人，这份工作自然落在了团队领导的身上。缺乏统一的目标，使得每个团队成员在遇到问题时都求助于苏珊娜，这让她感到很累，心情也开始低落下来。

苏珊娜使用了关键影响人分析法，为她的团队制定了沟通计划。每个团队都有一个目标，而关键影响人有的对此充满了热情，有的则对此非常抗拒。沟通计划的作用是识别每个关键影响人的态度并把他们分组，从而有利于资源、时间和精力的高效分配。

第一类分组是弱影响力支持者。他们就像你的啦啦队队长或俱乐部粉丝。比如，这里有一家刚开业的面包店，每周五会赠送一定量的点心来拉拢人气。而这些弱影响力支持者就是那些定时出现在这里，品尝免费点心的人们。他们对你友好热情，对你的点心赞不绝口，但很少购买。既然他们对你的态度是支持的，就应该让他们更多地参与到你的日常工作中来，虽然他们的影响力不大，但也可以提供适量的帮助，减少工作量，节省团队资源。

如果有很多人属于这个分组，记得把他们放在一起。比如，有一家公司提供商务沟通系统，为了推广产品，他们免费提供简短的产品展示课。同样的一波人每周都会参与，探讨学到的原理。他们充满着学习热情，但耗费了太多资源。于是，这家公司为他们建立了一个免费的商务交流平台，让他们在论坛上讨论、解决问题，而不是每周浪费产品展示课的资源。

第二类分组叫作强影响力支持者。他们可以成为你最好的游说人员。他们既拥有影响力，又喜欢你做的事情。所以，让他们为你代言吧。你还可以让他们帮助你联系潜在的投资人或其他重要关系人。让他们参与到公司的流程设计等环节，他们会有投资人的身份感，这确保了你在未来很长一段时间内都会拥有他们的支持。不管参与的事情是否重要，这种投资人身份都很有帮助。强影响力支持者包括顾问委员会成员、投资方、高层管理人员。

第三类分组是强影响力反对者。这些人批评你，但又有能力。强影响力反对者有权利表达自己的担忧。所以，你的任务是找到他们具体的担忧事项，并尝试解决它们，他们会因此感到安慰。在制定决策的时候，这种做法会帮助促成他们的主人翁心态，疗愈他们的担忧，避免更大的冲突。

第四类分组是弱影响力反对者。这些人批评你，但缺乏影响力。对待他们，你无须牵扯过多的时间和精力，只要保持礼貌，避免制造更多他们不喜欢你的理由即可。

这四类分组基本是静态的，也就是说，一旦分好组，变动或重分组的情况就会比较少。如果公司组织架构出现调整，可能存在分组变化的情况。完美情况下，四类分组都需要我们认真对待，仔细聆听。然而，现实生活中资源不足，我们不得不选择重点进行攻坚。花费精力处理这个分组的问题到底有多少回报？沟通计划的目的，就是追溯我们的沟通精力去了哪里，从而确保花费的精力和时间是值得的。

在沟通计划工作坊中，苏珊娜使用了一个熟悉的结构：澄清—解决—行动。这也是她在线下问题解决会议中使用的结构。

这次沟通计划会议中，她首先解释了关键影响人的概念。她告诉团队成员，关键影响人即团队之外的、可以帮助团队成功或导致团队工作失败的那些人。其次，她指导大家在线上聊天室中罗列出能想到的关键影响人。然后，她在屏幕中展示了一个四象限关键影响人表格，并要求大家把之前讨论的关键影响人分到这四类中去。分类完成后，她询问了大家对分类过程中是否有疑问。至此，澄清环节结束。

接下来，当所有的关键影响人都被合理地分配好，苏珊娜向大家解释了如何与不同类型的关键影响人沟通，对哪些人要做重点沟通。之后，大家被分成几个小组，每个组讨论具体的沟通措施。此时，大家已经了解了他们的沟通对象是谁，需要找到最好的沟通策略。这就是第二个环节——解决。

最后，大家保持小组形式不变，开始自主决定日后要主要负责联络的关键影响人。这就进入了会议的行动阶段，大家会针对如何与关键人沟通制定详细的计划，解决重要的 3W（谁、做什么、怎么做）问题。

苏珊娜仅用了一个工作坊，就把自己很大一部分工作量下放到了团队。她相信以后的日子会简单许多。但是工作下放不代表她日后不再对此事负有责任。这些关键影响人都是销售团队取得业绩成功的重要因素，苏珊娜作为销售经理，必然要在日后的会议中，不断跟进今天制定的沟通计划的实施情况。

回顾本次会议，苏珊娜发觉到，无论是虚拟环境的会议还是真实会议,关键影响人分析会议的主持方式不会有所差异。在两种环境下，参会人员都需要罗列清单，并对关键影响人进行分组。苏珊娜随后会把大家分组，让他们讨论方案，并让大家对未来的行动做出承诺。

苏珊娜的关键影响人分析会议结构图

会议前的准备

· 提供会议信息，介绍开会目的，发出开会邀请

签到

· 苏珊娜向大家展示会议议程，让大家相互交流自己的参会期待

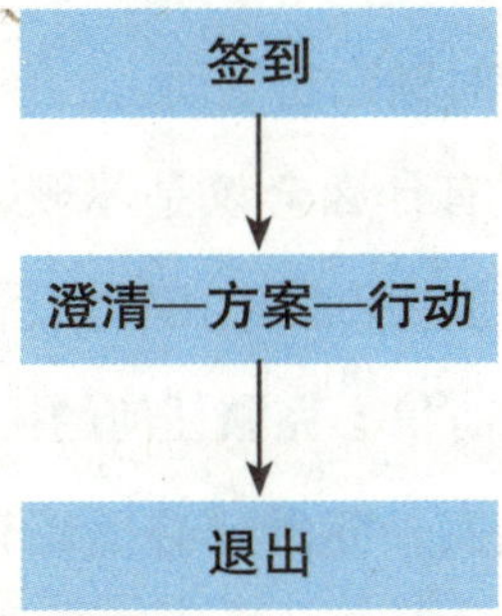

澄清

· 苏珊娜解释关键影响人的定义。要求每个人写出关键影响人清单

· 苏珊娜要求团队成员将关键影响人分类：弱影响力—强影响力；支持者—反对者

签到 → 澄清—方案—行动 → 退出

解决

· 苏珊娜把大家分成小组，每个小组对应若干关键影响人，讨论与关键影响人沟通的最好方法

行动

· 苏珊娜要求大家思考自己最想负责沟通的关键影

响人，把自己的名字写在其旁边

退出：

· 与会者对本次会议进行评估

唯一的不同是会议环境。在线上会议中，苏珊娜会让大家将关键影响人的名字写在幻灯片的四个象限中。而在现场会议中，苏珊娜需要准备好画有象限的白板纸，让大家把写有名字的即时贴贴在上面。

还有什么会议是苏珊娜无法用引导技术主持的吗？如果过去的成功可以给出答案，那回答一定是否定的。虚拟引导技术让她有信心克服任何的挑战。

其实，苏珊娜心里还有一些烦恼。虽然自己的销售团队非常优秀，但她依然希望可以更好。最近，她发现整个团队存在信息分配不均的情况，并且这种态势在不断地加剧。有些人找到了一些独特而有效的工作方法，帮助自己把工作完成得更好，但这些方法其实也适用于其他人。“如果他们能够把自己的智慧分享出来就好了！”苏珊娜在一天下班后自言自语道。就是这个突然的想法，为她带来了下一个展示领导力的机会。

利益相干人沟通计划的好处、挑战及运用

好处

· 把注意力放在最重要的利益相干人，节省资源

· 帮助委派责任

挑战

· 当委派责任时，也会削弱你的控制力

运用

· 用关键工具将责任委派给团队成员

HANDBOOK OF FACILITATIVE LEADERSHIP

第七章

关键时刻 6：团队发展之提升协作

加强团队的提升协作

苏珊娜对事情的进展很满意：团队热情高涨，致力于完成目标。但苏珊娜并不满足于此，她觉得有些事可以做得更好。有团队成员向苏珊娜指出一些问题，这让她看到团队并不像她期望的那样团结。

在最近的一次谈话中，马修告诉苏珊娜："我有很多优质客户，他们的办公室遍布全欧洲。我能轻易在一次销售中挖掘出更多的业务，但那就意味着我的销售范围会超出我所负责的区域，影响到我同事的销售工作。"

苏珊娜皱了皱眉，想了一下。然后，她问道："你为什么不跟其他团队成员分享这些信息呢？你可以把客户推荐给他们。"

"拜托，我自己的销售工作已经够忙了。我可没时间去帮别人把新的潜在机会列出一个清单，我提升自己的销售业绩还来不及呢！"

在另一次讨论中，丽塔说：“我想出了一个很好的流程来帮助记录订单，这能让我每天节省 15 分钟的时间。”苏珊娜听了之后很高兴，她一直想要找到节省时间、精简订单流程的方法。苏珊娜兴奋地问丽塔，她打算何时以及用何种方式来跟团队分享此信息。

“我当然会与团队分享这个流程，但这需要花费我好几天的时间跟每个人讲清楚，就算这样他们也许仍旧会决定不按照我的方法实施，而这仅仅是因为他们害怕新事物。”

苏珊娜有些沮丧，但马修和丽塔的说法让她看到有些事是该做了。团队表现得不错，但还没有到紧密团结的程度。苏珊娜想马上终结这种状况。于是，她立刻给她的团队成员发了一封友好的邮件，这已经成了她邀请参加虚拟线上会议的标志了。

亲爱的梦之队：

你们都在继续超越期望，最近的工作也做得非常棒。但现在需要通过提升我们的沟通来百尺竿头更进一步。

让我们相互了解各自业务工作中的秘密吧！请事先写下你的想法和好的工作方法，准备分享给团队。同时也请列出你想向别人学习的一些事。你可以点击下面的链接参加线上虚拟会议。会议将在伦敦当地时间周四下午 16：00 开始。我已经迫不及待地想和大家见面了！

苏珊娜

很快就要到周四下午了，苏珊娜在查看了团队的回复后，惊喜地发现这回整个团队都能来参加会议。会议开始时，苏珊娜重申了今天的目标：分享个人最佳工作实践以及客户信息。接着，苏珊娜请大家写下对于今天谈话的期望。很快，她就看到了团队所有人的期望。大部分人准确理解了会议的理念并写道："学习能节约时间的订单技术""找到减少每周事务性工作的方法"……玛格丽特对这次会议有些不一样的想法，她写的是"我想加薪"。

苏珊娜有些意外地问道："玛格丽特，能请你说得再具体一点吗？"

"好的！现在，销售工作进行得非常顺利，既然这次会议是提供帮助和满足需求的，我需要去马洛卡度假。我想请求加薪并希望你同意。"

苏珊娜从容地微笑着并答道："我很抱歉，玛格丽特，但今天你需要跟大家一起谈谈如何帮助满足工作需求，至于你的加薪讨论要等到每季度的一对一面谈会议了。"

玛格丽特明白了，但看起来有些沮丧，因为她必须再等至少一个月才能继续她的度假计划了。

随着团队成员都在线参与进来后，苏珊娜开始“施”与“受”的活动，这个活动是达成分享工作实践及聚合团队的有效方式。苏珊娜打开虚拟白板，上面有每一个团队成员的名字和电话。

“我已经写了所有团队成员的电话号码和名字。这张列表上每个人的编号不是奇数就是偶数。奇数号的人请联系偶数号的人。迈特，你是列表上的第一个，所以你将联系玛格丽特，她位列第二，好吗？”

大家看起来似乎都明白了，苏珊娜便给出了最后一条活动指示：“你们有15分钟时间讨论‘施’与‘受’的问题。15分钟后，我们将回到会议并记录相互间达成的共识。如果你有任何问题，我将随时在线提供帮助。”

讨论进展得很顺利，15分钟后大家回到会议中来，开始在虚拟白板上写下各自的收获和行动要点。大部分的行动要点是关于客户的，但有些信息并非苏珊娜希望看到的。玛格丽特写道，“迈特教我当向领导请求加薪时应该现在先要求加一点，半年后再要求加一次大的。这个策略看上去特别管用。”

“哦不！这帮伙计太了解我了。”苏珊娜想着，但会议仍在继续。“我们有三轮‘施’与‘受’的商谈。下一轮，请偶数号的人联系后面奇数号的人。除了列表上最后一位联系第一位，就是萝丝联系迈特。”

苏珊娜决定在第三轮做些改变。于是，她说道：“第三轮，大家可以联系任何一位你想联系的人。如果那个人很忙，那只能说明你慢了一拍，你就得再联系其他人。”

每个人都参与到了活动中且收获满满。当大家相互联系时很快就交谈了起来，非常热切地分享和学习彼此的方法。虚拟白板上填满了关于团队成员如何互帮互助的共识。苏珊娜很期待这些活动中体现出来的充满能量的协作能不断地延续下去。

在收尾阶段，苏珊娜请团队的每一个人都发表一下自己的看法。

“我跟自己以前从未讲过话的人谈过了，真的很有意思！”

“我从来不知道我们有这么多共同客户。苏珊娜，这种分享很有益啊！”

“这有助于提升团队的精神面貌。”

“只能谈三位伙伴，其实我想跟每个人都谈一谈。”

“一开始觉得这挺傻的，我自己也没什么可分享的，但跟别人谈着谈着，我就开始认识到可以给别人什么以及从别人那里得到什么了。

分析：自身的“施”与“受”是明确关键影响人的基础

上一次会议后，苏珊娜的情绪一直不错。她在上一次会议中，仅仅用了一个简单的流程就让团队充分融合了。她做的“施”与“受”的活动，对引导者来说是个很有效的活动。首先，她请所有人相互联系并讨论了各自的需求和提供物。这意味着他们分享了自己能给团队贡献什么（提供物）和希望从他人那里得到什么（需求）。

苏珊娜的“施”与“受”的团队发展活动

准备

· 向参与者发送邀请，明确会议主题并布置准备任务

签到

· 介绍会议日程和目标

· 每个参与者罗列出对会议的期望

“施”与“受”

· 苏珊娜展示出一张写有所有参与者的姓名和电话的纸

· 她将所有人依次标注成“A”或“B”

· 有 A 和有 B 的人结成一对，讨论他们相互可以提供的支持以及希望得到的帮助。在虚拟白板上，写出具体的行动计划：谁、何时、做什么

退出

· 每个参与者简述一下对会议的感受。可以最后一次提出问题或自己的见解

其次，他们列出了所学的内容，并在此基础上得到了实操的行动。除了让团队成员相互分享信息，这个活动也解决了本书一开始提到的那个困扰苏珊娜的问题：唯一掌握信息并负责解决和解答每个人的问题和疑问。这个“施”与“受”的讨论活动给了团队机会来建立一个互帮互助的问题解决机制。这个活动自然而然地将领导者的管理职责授权给了团队成员、大

幅促进了信息的流动，并且在很大程度上提升了团队的协作。它在线上和线下情境中都适用。

苏珊娜的“施”与“受”的活动

签到

· 介绍会议日程和目标

· 请每一位列出对会议的期望

“施”与“受”协商

· 苏珊娜请参与者单独列出他们可以提供给团队的帮助和他们需要从团队得到什么样的支持

· 张贴并在静默中查看提供帮助和需求

· 开市：苏珊娜邀请参与者与尽可能多的人交谈，并发布具体的行动要点（你可以称之为交易），比如要做什么，和谁，何时

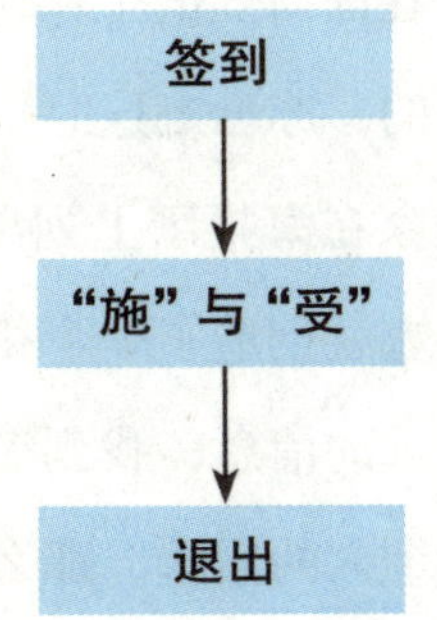

· 基本原则

尽量平衡给予和收获，但并不是每笔交易都是相互的一次与一个人交谈，会更

有效

· 与所有的参会者评估结果，这也是一个提问或补充评论的机会

退出

· 苏珊娜邀请每个人都简单地谈论一下对这个活动的感受

在线下面对面的环境中，你只要让参与者两两配对或分成小组，分享他们的需求和给予物就可以了。当分享一结束，你就请参与者在海报纸上记录他们的落地行动要点，这样大家都能看到。

在面对面的工作坊中，当人们自由联系的时候是可以相互看到的，苏珊娜这时也可以让大家自己组织来交换想法。通过请大家在海报纸上列出他们的需求和给予物并贴到墙上展示，苏珊娜就创造了一个相互交换的市场空间。然后，她请大家看看展示的信息，找到潜在的合作伙伴。如果有人答应帮助实现另一个人的需求，那么一个交易就达成了。接着，她请参与者在半小时内找尽量多的人交谈，将他们的行动计划用什么、谁、何时的行动格式写在海报纸上，进一步拓宽市场。当开展“施”与“受”的讨论时，需要提醒参与者不是每次交换或交易都是

互惠的，在一次互惠的交换中都会相互给予并获得，但在团队内部进行时并不需要个人的每次交换都互惠。同时，她也提醒大家每次只与一个人交谈，这比同一群人交谈更高效。最后，苏珊娜让参与者评估自己的收获。

“施”与“受”讨论的收益、挑战和运用

好处

- 在团队内创造了新的连接
- 提升团队合作
- 激发人员行动

挑战

- 这个活动也许会产生过多的行动要点

运用

- 用关键活动来提升团队合作

信任公式

在她长期作为管理者的职业生涯中，苏珊娜意识到团队会自然而然地形成一些小团体。人们倾向于只跟他们自己喜欢的人合作。她认为领导者的关键任务之一就是打破这些小团体，帮助团队成员更好地相互合作。这个任务不容易，但苏珊娜领导经验丰富，有办法达成。

苏珊娜相信，如果她在团队成员间建立更多的信任和连接就能让大家更好地相互沟通。如果团队成员相互间不能自然交流，那么管理者就要为他们创造能形成相互连接的时间、地点和意义感。这在线上和线下都能实现。团队间相互信任的秘密在于开诚布公，分享你自己的一些隐秘信息。透露个人的信息能在成员间创造亲密感并让大家变得通情达理，这些都能让团队更好地沟通和协作。

苏珊娜用“施”与“受”作为练习活动目的是让团队成员相互连接，而这也被证明是成功的实践方式。销售团队的成

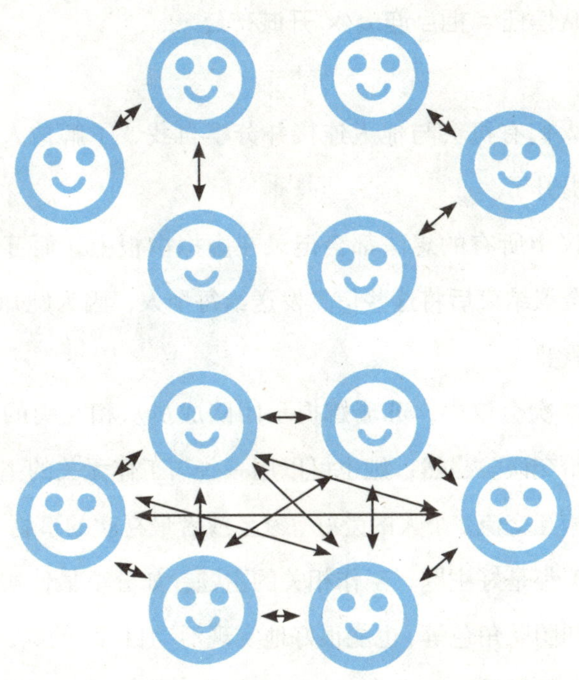

图 7-1　典型团队和梦幻团队间连接方式的差异

员从之前他们不会去找的人那里找到了资源上的帮助，同样重要的是，他们也了解到自己可以怎样帮助他人。

在她参与引导培训的过程中，她的导师乔治就很喜欢引用创建团队信任的公式：

团队信任 = 相互连接 × 开诚布公

当人们有机会与他人连接并分享自我、了解他人时，信任感就提升了。

会议中所有的想法都会记录在虚拟白板上，而苏珊娜会确保在会议结束后将这些信息发送给每个人，因为她知道团队记忆的重要性。

在这次会议中，苏珊娜提示团队成员从相互间的给予和需求开始交谈。当然，她也可以用一些与工作无关的主题让团队开始相互交流。个人的爱好、家乡或者最喜欢的事物（食物、地方等）都是好主题。工作相关的主题，如分享最佳实践、工作角色和团队角色等，也能很好地实现活动目标。的确，在“施”与“受”的活动中谈意大利面和宠物猫有些远了，但那也问题不大。在发展团队动能的过程中，有时候团队成员唯一要做的就是让团队成员相互聊起来。苏珊娜是决定带着大家一起体验相互帮助的那些具体方法，但如果她不这么做而是让他们随便谈，团队成员们也会打破隔阂（相互分隔的系统或流程）并提升相互的信任感。

HANDBOOK OF FACILITATIVE LEADERSHIP

第八章

关键时刻 7：团队发展之商定基本原则

制定规则提高团队效率

在工作坊结束后的几周时间里，苏珊娜注意到销售团队变得更加互帮互助了。之前一些会发给苏珊娜的问题，现在在团队内部就自形消化了。“这我很快就会习惯的。”苏珊娜高兴地想。但在内心深处，她知道还是有提升空间的，而很快下一个机会就出现了。

一大早，苏珊娜就已经在公司里开始工作了。苏珊娜少见地坐下来开始处理未读邮件，这时显示屏上的电话图标闪了起来。在红色的闪烁电话图标旁是一个视频电话的邀请，上面显示着玛格丽特的头像。苏珊娜接受了邀请，玛格丽特的脸就出现在了屏幕上。

“早上好，玛格丽特！今早见到你很意外啊！”

玛格丽特跳过客套，直奔主题道：“团队里的其他人不跟我分享信息。我想着经过最近那次讨论会议后，情况会有所改善，因为大家都分享了可以提供给别人的工作方法，但事与愿违。”

苏珊娜正纳闷在这么积极的会议过后事情怎么会变得更糟时，玛格丽特很快给出了答案。

“以前，我和团队里的人沟通都有些问题，但他们之间沟通也好不到哪儿去！至少我觉得是半斤八两！现在整个团队联络得更密切了。我知道这些是因为我能看到他们实时更新的电话和商谈会议的安排。但他们在销售上一起做出的决策却都不告诉我，他们都想不到要记录会议要点。站在我的角度想想，苏珊娜，给每个人订会议室或确认线上会议的时间，却从来没人邀请我参加会议，到头来我就是一个秘书……”

玛格丽特又说了好几分钟才结束。苏珊娜告诉她，她不仅仅是个秘书，也是销售团队中高价值员工中的一员，这让她感觉好了一些。

我要怎么帮助销售团队认识到玛格丽特的全面价值呢？我又能做些什么让玛格丽特感觉更能融入团队呢？

苏珊娜对这些问题没有现成的答案。她一直在思考要开展一次工作坊，期间能勾勒出每个团队成员的才干和能力，再与团队的需求相匹配……，但在最近的工作坊中已经做过这件事了！

那周晚些时候，苏珊娜同阿方索谈了一次话，与平时不同，他看起来很沮丧。在大家的印象里他一直是个乐观主义者，所以听到他的抱怨苏珊娜感到很吃惊。

“我给所有团队成员都发了一封私信，请他们把各自的销售数据给我，我好发给你和伯特。每个人都知道每两个月我会负责汇总整理这些数据，现在两周过去了，我只收到三封回复。而这些回复里又说‘过一阵再发给你，阿方索’。昨天我又给每个人都发了提醒，却没人搭理我。甚至都没人想到要告诉我，他们是否打算给我发销售数据。我们需要一些团队共同遵循的规则……，一套行为准则让大家知道如何合理地与他人互动，因为很多人能从中获益。而第一条规则应该是——如果你收到阿方索的邮件，请马上回复！”

苏珊娜保证会想一些办法，这让阿方索稍微平静了下来。

“原则，原则，原则……，想到还要建立更多的原则就烦。”苏珊娜心想。她想到在自己上学时，原则是用来让调皮捣蛋的孩子守规矩和听话的。苏珊娜认为有效领导意味着放下控制欲并信任他人。建立新原则来管理行为感觉上与前面的想法是相违背的，但是玛格丽特和阿方索的建议引发了苏珊娜的思考。“或许我们需要一套基本原则来帮助大家一起更好地工作。”

阿姆斯特丹世界果蔬峰会快来了，苏珊娜知道这次会议是一个与团队讨论新原则的契机。F&L 公司的老板伯特非常重视这次峰会，要求整个团队都飞去参加。他相信这次盛会不仅能结交关系和了解行业发展趋势，也应该是一次极好的团队建设活动。每年快到行业峰会的时候，伯特都会给整个公司发一封邮件，确保每个人都做好准备热情参与。

知道自己的整个销售团队都会精神十足地去参加，苏珊娜决定利用这次机会安排一次旨在创建基本原则的工作坊。苏珊娜在大仓酒店的顶楼预定了一间会议室，在峰会第二天结束后她会请每个人到场。

“我希望大家在峰会期间过得愉快。”苏珊娜开场道。

现场的气氛很轻松，苏珊娜也事先准备了上好的苹果汁。毕竟，大家都在参加一次特殊的峰会，她希望每个人都能尽兴。

“我叫大家过来参加这个工作坊，这样我们就能一起讨论并建立一些团队的基本原则。我希望这些原则能让我们彼此的沟通与合作更加高效。”

整个房间内，每个人都慢慢放下了装着苹果汁的杯子，大家相互交换了诧异的眼神。阿比盖尔跟着苏珊娜工作很多年了，她觉得这应该是个玩笑。

“不错的玩笑，苏珊娜。你该不会是把大伙儿都叫到这么漂亮的房间，看着外面令人陶醉的风景，喝着可口的冰苹果汁，就是为了讨论原则吧？”

有一些人开始赞同地点了点头。阿比盖尔继续说道：“当把你看作领导时，我们首先想到的是你很少直接干涉我们的工作。你很信任我们，苏珊娜。这也能让我们放手去把事情做好。

我们知道你对我们充满信心，也不会设置各种繁文缛节要求大家去遵守。”

“阿比盖尔，首先谢谢你的称赞。是的，你说我信任团队并对每个人都充满信心，这 100% 正确。但这并不是引入更多原则的原因。这次工作坊的目的是要建立能让我们团队更好地相互合作的原则。我也不打算浪费大家的时间来讨论那些没用的原则；我们不会讨论什么时间准时上班或怎样正确使用公司的信用卡。相反，我们的目标是如何让我们之间的互动变得更有效率和效益。这目标也适用于我自己。简而言之，我认为开始讨论后大家就会明白我说的意思了。”

在解释了工作坊的目标并让大家的期望达成一致后，苏珊娜开始介绍第一个任务：“想想咱们在团队内部是怎么相互交流的，列出那些让你感到沮丧的工作行为和习惯。给大家两分钟时间，请开始吧！”

大家听完后都犹豫了一下，苏珊娜完全理解。很少会让人们列出在与同伴的合作中感到沮丧的地方，特别是对于像 F&L 这种强调积极主动和相互支持文化的公司来说。但大家也就是犹豫了一下，很快便进入状态，低头写了起来。

接下来，苏珊娜请大家两两搭档相互分享各自写下的内容。

“在与你的同伴谈完后，我希望每一对都找出两条最糟糕的行为。我这里说的最糟糕是指对团队的绩效具有最大的破坏性。”

五分钟讨论过后，苏珊娜看到大部分人都准备好了。接着她让大家把各自总结出的两条最糟糕的行为写在一张白纸上，并贴到墙上。

“请把字写大点儿，这样大家都能看到你们的想法。”苏珊娜提醒道。

这回那些无效的团队行为都显示在墙上了，苏珊娜看到大部分行为都眼熟。在每对人陈述完他们选出的行为后，苏珊娜说：“棒极了！现在我们要通过投票选出大家都认为最重要的行为。”苏珊娜一边说一边给每个人都发了小的圆形贴纸。

“现在每一对都有三张小贴纸，而这就是你们的选票。每对的任务是将贴纸贴到你们认为最重要的行为旁边。你们可以把所有票都投给某一条，也可以分开投给三条你们认为最重要的，大家可以自由选择。

当大家都贴完后，苏珊娜统计了票数，然后将最应该避免的关键行为呈现了出来：

- 开会时心不在焉
- 没人回复邮件
- 会议中的争吵
- 不了解决策相关人员的想法

· 工作分配不公平

苏珊娜把大家分成五组，然后请每一组讨论其中一条关键行为。

“此时，我们有了想要改变的行为。现在，让我们找找解决方案吧！我希望每组针对你们讨论的关键行为提一些如何改变的想法。给大家五分钟时间，如果有任何问题请马上提出。”

苏珊娜还指导各组用清晰完整的句子记录和书写想法，这样其他人便能一目了然。

五分钟后，苏珊娜将房间里每个组书写的文档都收了上来。“我们各小组会继续讨论这些行为。主要的变化是我会把这些文件打乱发下来，这样每组将继续讨论不同的关键行为。各组把其他组所写的文档作为你们讨论的起点。”

苏珊娜继续给大家时间来讨论，期间她也会偶尔打断一下，请各组交换文档和讨论的主题。

当各组对每个关键行为都头脑风暴完时，苏珊娜把他们的文档都收了上来并贴到墙上。

苏珊娜退到墙边看着五张大文档，上面填满了解决方案。团队已经给每个需要避免的关键行为找了 5 ~ 6 个解决方案，从简单的像是“开会时积极倾听别人发言”，到中等的策略改变像是“所有邮件要在 24 小时内回复”，到庞大的提议像是“建立自动化流程来减少团队成员合作中的重复劳动”。

“好吧，从大家能够想出的解决方案数量来判断，我觉得应该给你们更难的问题！也许在下次工作坊，你们都可以解决治愈世界饥饿与癌症的问题了！请大家站起来，一起来看看我们的成就。”每个人都站起来欣赏着自己的成果。马修对此印象特别深刻。

“你知道吗，苏珊娜，我从没意识到原来你的工作这么简单。管理像我们这种充满智慧的团队一定感觉超棒吧！”

听到马修的“高见”，苏珊娜和其他人都忍不住笑了起来。她心想：“我喜欢他的热情，但我敢说在绩效回顾谈工资的时候，他却是个棘手的人物。”

苏珊娜继续说道：“现在，我们将以小组为单位来投票。哪些解决方案对于改善我们的工作最重要？这回每组将拿到10 张贴纸。就像上一轮投票，我希望大家一起讨论，然后就对“票投在哪里”达成共识。如果你们觉得有个想法特别好，与之相比其他的都不怎么样，那就把 10 票都投给它，或者也可以均匀分配，这完全取决于你和你的团队。现在开始吧！”

小组分散到房间的各处开始激烈地讨论起来。苏珊娜去听了几个关于哪些解决方案最好的辩论。活动正在像她所期待的样子开展着。过了一会儿，一些小组达成了共识，开始将他们的贴纸贴到一些解决方案的旁边。

当贴纸贴完后，苏珊娜请大家回到自己的座位，这样每个人都能看到投票结果。投票最多的解决方案是：积极倾听并参与到会议中去。

虽然在这些文档上写有成打的解决方案，苏珊娜注意到有六条的票特别多，可以说是“脱颖而出”。她把这六条给大家指了出来。“好，我们能看到有六条建议明显相比其他的更受欢迎。让我们一起来回顾一下这几条，看看把它们作为我们团队的基本原则是否合适。我们将用大拇指来投票：大拇指朝下表明你不同意这些基本原则，大拇指指向边上表明你同意其中的一部分，大拇指朝上表明你赞同这些基本原则。我数到三就开始投票，一、二、三！”大部分人竖起了大拇指，但有小部分人只同意了一部分，有一个人投了反对票。“玛格丽特，你不喜欢这些基本原则？”

玛格丽特摇了摇头表示没有不喜欢。她解释道：“我认为我们建议的进一步将订单接收流程自动化是非常有必要的，这能平衡不公平的工作分配。当轮到我去处理接收到的订单时我就明白了这一点，我感到工作量太大，甚至都无法完成每天的工作任务。但这个解决方案很明显并没有包含在基本原则里。”

苏珊娜担忧地问道，“你觉得我们应该怎么处理这个解决方案和基本原则呢？”

“我觉得我们应该处理自动化的问题，但别把它包含在基本原则里面。这些基本原则都是非常棒的。”玛格丽特继续说道。苏珊娜承诺将会找 IT 部门一起解决自动化的问题。大家都接受了这些基本原则，苏珊娜也确认将会在下次团队会议中对实施情况进行跟进。

最后，在简短的总结后，工作坊结束了，然后进入提问和评论环节。

“在我们去享受苹果汁和美好的夜晚之前，如果你还有任何问题和评论现在都可以提出来。”

阿方索先举起了手。他认为团队都同意会议中争吵是个重要问题，他也希望只要大家都对这个问题有共识，那么这个问题就已经得到了部分解决。

一些人对邮件回复的解决方案特别感兴趣，而阿比盖尔对讨论进行了总结：“这个解决方案也许本身还有需要完善的地方，但我们的新想法要求所有邮件 24 小时内回复是很棒的。我非常讨厌那种不确定别人是否会答复的感觉，这种感觉就像是自说自话一样。”

在大家分享完最后的问题和评论后，苏珊娜发现已经快到晚上十点了。她要准备休息了，而其他人则各自去享受美好的周末之夜了。

苏珊娜团队列出的最糟糕行为和优先解决方案

不了解其他决策人员的想法

· 邀请所有决策相关人员参加会议

开会时心不在焉

· 如果与会，就要积极聆听和参与

会议中的争吵

· 我们一贯寻求共识，如果没共识，便由苏珊娜决定

没人回复邮件

· 如果事先没与接收者达成一致，不要发送邮件要求对方采取行动

· 所有邮件 24 小时内回复

在销售繁忙期工作分配不公平

· 重构并自动化订单接收流程

分析：基本原则工作坊的重要性

基本原则为团队互动提供了指导。它们能用来定义一个团队如何相互沟通、合作以及做决策。它们的目的是排除干扰，这样每个人都能更高效地工作。

经常需要基本原则的领域

- 如何在繁忙期更好地工作
- 如何分配工作
- 决策制定
- 相互协助
- 如何保持积极的工作氛围
- 会议实践
- 冲突解决
- 团队沟通，如何与团队分享信息

最好的基本原则来自反思与回顾。当你聚焦在阻碍团队效益的行为时，会比较容易找到务实有效的原则。这就是苏珊娜请大家列出工作里遇到的最令人沮丧行为的原因。但这不是一个容易的话题。更常见的是让员工分享对工作伙伴的正向反馈，但要请大家去想负面行为就有点为难了。

让别人列出跟你或你的团队合作不舒服的地方就更困难了，而有时还会造成相互争吵或指责，指着别人说“那不是我的错！”

用 Me–We–Us 方法来鼓励和引导团队成员参与讨论

ME

· 写下我自己的想法

WE

· 两两一组或小组的想法

· 分享和选取最重要的想法

US

· 与整个大团队分享想法

· 选取和展示想法，并请整个团队回顾和评论

苏珊娜运用了 Me–We–Us 的工具来辨认最糟糕的行为，

并为销售团队讨论敏感话题创造了安全的环境。在第一个 ME 环节里，参与者先自己思考。给个人思考时间能让人们想出更多的点子来。在第二个 WE 环节，人们两两或分组讨论，然后请他们选出最糟糕的行为。在小组内分享能进一步提炼想法。三人小组的人数足够减轻在众人面前讲话的压力，也能给每个人足够的时间来仔细分享自己的想法。最后在 US 阶段，苏珊娜请参与者用大字在大白纸上写下想法，然后把这些文档贴起来，以便大家都能看到。

苏珊娜用了贴点投票的方法来让团队达成共识和优选想法。这个工具要求两两或分组讨论内容并挑选想法。这能确保团队分享观点并找到优先项，苏珊娜喜欢用它来对付困难的讨论主题。

小组头脑风暴对于找到多个问题的解决方案是个有效的方法

- 小组把他们的想法写在海报纸上，然后将海报纸在各小组内轮流传递，在前面小组已有信息的基础上构建新想法

在找到那些糟糕的关键行为之后，苏珊娜把大家分成若

干小组，并给每个小组一个讨论主题。她请每组对他们的讨论主题提出解决方案并写在一张大的海报纸上。在这之后，她让大家在小组内轮流传递海报纸，相互阅读并增加新的想法。最后，她请大家两两成对用贴纸选出最佳解决方案。这种方式叫作“小组头脑风暴”，当你有多个问题需要解决时它就特别管用。而一直以来，把团队分成众多小组进行讨论比整个大组一起讨论更有激发性，效果也更好。当大组讨论时经常是那些外向和嗓门大的人占主导,而他们的想法也会盖过那些安静的人。

最后，苏珊娜请团队检查这些基本原则是否足够具体，以便于跟进执行。有时候团队成员建议的基本原则模糊而且难以考核，比如一条原则叫“信任你的团队伙伴”，就不够具体。

为了便于执行，这条基本原则需要进一步打磨。比如，通过提问和给予经常性的反馈来建立双向沟通，这条基本原则就比仅仅是建立信任更好。请团队对某条基本原则举些实际工作中的应用例子可以有助于更好地定义它。

在一次会议期间产出 3 ~ 6 条基本原则是比较合适的。如果超出这个数人们很难记住它们，更不用奢谈跟进执行了。这也是那些投票活动这么关键的原因。通过它们，团队能定义出那些对他们而言最重要的原则。

苏珊娜告诉大家她会开一次跟进会议，以回顾这些新基本原则的执行情况。一般情况下，一些原则会运行良好，但另一些可能会效果不佳需要修改。

苏珊娜的基本规则工作坊

签到

· 介绍会议日程和目标

· 苏珊娜询问大家对于工作坊目标的建议

澄清

· 苏珊娜请参会者单独列出最令人沮丧的团队行为

· 两人一组分享行为，选出两个行为张贴并且简报

使用三点法进行优选，简报结果

解决方案

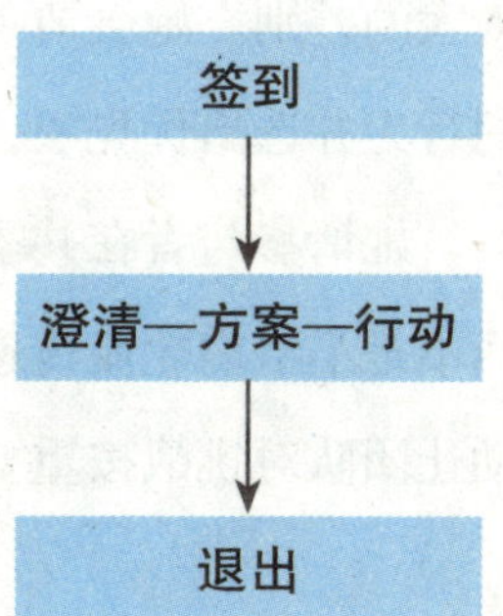

· 苏珊娜将大家分成小组，交给每一个小组一个糟糕的团队行为

· 小组在白板纸上写下对挑战的解决方案

· 每五分钟轮换白板纸，直到所有小组都给出了自己的建议

· 两人一组用十个标签对方案进行优选

· 检查方案应该是具体的

· 用拇指法检查小组的投入度

行动计划

· 苏珊娜承诺将在下一次在线会议上跟进这些基本规则

退出

· 苏珊娜邀请每个人简单地谈论一下对这个工作坊的感受

在线上会议中，苏珊娜的流程框架与面对面的环境中不会有太大的差别。她会请参与者在虚拟白板上列出让他们感到沮丧的行为并选出优先项，这样就澄清了挑战行为。为得到解决方案，她请参与者在共享虚拟白板上写下对于挑战的解决方案，而不是小组内轮流传递海报纸。她会用像点数投票这种优选活动让团队对挑战按重要性进行排序。

基本原则工作坊的好处、挑战和应用

好处

· 消除分心，这样每个人都能专注在自己的工作上

· 让团队更好合作

挑战

· 要做好应对消极情绪的准备。如果对于工作方式团队成员间有公开的冲突，你也许需要比基本原则工作坊更强大的工具

应用

· 每个团队都要对工作方式达成共识。达成结果越依赖于团队合作，基本原则就越重要

基本原则工作坊对所有团队而言都是必需的活动。团队和流程协作程度越高，基本原则就越重要。

HANDBOOK OF FACILITATIVE LEADERSHIP

第九章

关键时刻 8：团队发展之庆贺成功

成功举办庆祝活动

年底到了，又到了苏珊娜计划团队活动的时候了。她想带大家一起去野餐或者包一处室内游泳馆，让大家休闲交流。最理想的情况是，之后再开展一个活跃的头脑风暴会议，大家就明年的目标和行动计划做出决定。

然而，理想和现实总是不一样。去年，苏珊娜为团队策划了一次品红酒徒步游。一天的饮酒活动结束后，苏珊娜为大家安排了一场激励人心的演讲。糟糕的是，演讲者的热情也无法抵抗红酒的威力，苏珊娜注意到至少有三个人在打盹。最不幸的是，连她自己也困意袭来，很难睁开眼睛。第二天，她转向另一个极端：一整天都在讨论新的市场机会，安排了各种关于公司的演讲。她原本希望咖啡和甜甜圈能够让大家抖擞精神，然而大家的表现却像关在监狱里的囚犯，总是眼巴巴地望着窗外。苏珊娜没有实现期望中的平衡：在充满乐趣和活力的氛围中结束这一年，并且不忘工作的主题。

她想起了乔治，于是打电话向他诉说了自己的困境。乔治毫不犹豫地给出了建议：“你应该试一试成功故事。”

苏珊娜以为知道乔治要说什么，而她对此观点并不认同，于是，她说道：“我觉得我刚才说的你可能没听到。我已经请了一个励志演说家，她就是讲的一些人如何从贫困中崛起创造百万市值公司的故事。但大家的反应就像是等着新刷的油漆快点干一样——他们无聊得要哭了！”

乔治笑着说道：“哈哈，我觉得这是你安排的问题，安排大家在一天的品酒之后听演讲，这本身就很有问题。但我这里要说的是另外一个活动。成功故事聚焦于一个团队一起取得的成就。这是一个让团队成员对去年充满自豪并同时为以后的改进提供学习机会的好方式。”

苏珊娜同意道：“成功故事，这听起来很不错！”并且她打算试一试。

今年的庆祝活动定在了 12 月 15 日。苏珊娜要确保活动在圣诞假期全面来临前举办，并把活动地点选在了 F&L 公司伦敦总部的最大的会议室。

“能让大家又一次聚在同样的地方真开心。”苏珊娜开场道。

“我们也很开心。现在，是不是要上红酒了？”迈特开玩笑道——至少，苏珊娜认为他在开玩笑。

“大家不要着急，丰盛的晚宴马上就来。在此，我们要谢谢大老板伯特，他也会稍后过来与我们一同就餐。在晚宴开始前，我想请大家回顾一下刚刚过去的一年。你们第一个想到的是什么？”

萨瑞，英国区域销售总监，突然喊了起来：“改变！我觉得现在的工作方式和今年年初的非常不一样！”

苏珊娜点了点头，对萨瑞表示了感谢。

“非常好！我想你在说积极的变革。今晚的会议将是百分百正向的。我们要庆祝成功。现在，让我来告诉你要怎么做。”

苏珊娜开始给大家发放纸张。她请每个人用 10 分钟的时间，写一个去年在公司经历过的成功故事。

迈特对此有些疑惑。他去年才调到新的销售区域，目前还没有很好地适应新的调整。“如果没有什么积极的结果要怎么写？我会尽力想，但只怕真的没有。”他说。

苏珊娜没有让迈特继续说下去，因为她要保证一切处于积极的状态中。

“那就写一个你听到的别人的成功故事。我知道，有人会在回顾过去一年的时候感到些许失落。但我也知道，我在你们每个人身上至少体验到了一刻的成就感。”

迈特依然不确信。“那你说说我的成就感在哪里？”他反问道。

苏珊娜停顿了一会儿，然后露出笑容道："记得在二月份，我们开会讨论你调岗到新区域的事情吗？我们就在这个办公室开的会。我记得你是第一个想明白如何使用越南客户寄给我们的意大利浓缩咖啡机的。大家都很开心终于有人想出办法了。"迈特笑了起来，脑子里是当时如何挣扎着阅读使用手册的场景。嗯，苏珊娜说得对。至少这也是一个小成功。

"不管大小，任何故事都可以。"苏珊娜发出了最后的指令。会议室里安静了下来，大家似乎都在思考，没有人动笔。苏珊娜不由得有些担心，但很快就放松了下来。毕竟，这需要时间。作为领导者，你必须要有耐心。过了一会儿，大家果然开始动笔了。苏珊娜看着这一切，心里感到很满意。10 分钟过后，她要继续进行下一步了。"现在，大家三人一组，相互分享刚刚写下的成功故事。"

大家兴致高昂地交流着。苏珊娜在会议室中一边踱步一边听着大家的故事。迈特正谈着他调到新的销售区域的第一次成交，回顾着当时激动的心情："虽然过去习惯了一个订单卖一千多磅，但这次是在新的区域，五百个苹果的订单却是让我最开心的一次！"

苏珊娜经过丽塔、凯文和萨瑞身边，听到他们在讨论关于销售过程中的团队合作问题。

鉴于会场气氛热烈，苏珊娜又让大家多交流了几分钟。

之后，她请大家回到自己的座位上，并询问是否有人愿意当着所有人的面分享故事。

待每个小组都分享了一个故事后，苏珊娜让大家转换角色。现在，他们需要分析自己的经历，解释为什么这个故事可以给予自己成就感并激励自己的工作。

“既然我们已经讨论了在 F&L 感受到的成就感，那么，现在请大家更深入地思考：成功的根源是什么？大家的成功故事有什么共同点？请大家单独思考，然后把想到的内容写在纸上。”

苏珊娜等大家都动笔写了一会儿后，让三人一组相互“偷”想法。对此，她做了一下澄清：“是的，我用了‘偷’这个字。如果你喜欢别人的某些想法，请直接拿过来。你要与别人交流，但目的是把最好的想法都收集到自己的纸上。”

大家找到了许许多多值得称赞的地方：团队内部的信息可以自由共享，保证了各个岗位的无缝配合；主管乐意鼓励大家；公司里总能喝到热气腾腾的香浓咖啡。苏珊娜让不同的三人组成一组继续讨论，几轮过后，让大家停了下来并把纸张贴在了墙上。所有纸张都挂在了墙上，大家围在四周，阅读着上面的内容。

“我看到很多内容是类似的。”丽塔说。

虽然一组平均只有三个想法，但是很多的确是重复的。苏珊娜请丽塔拿笔，把重复的内容划掉。待丽塔完工后，墙上只剩下六个成功因素。

“这些想法需要再次阐述吗？”苏珊娜问。

伴随几轮“偷”点子的活动，这些想法来来回回被大家说了好多遍。此时，似乎所有人都对它们非常了解了。

苏珊娜原本的计划是接下来通过投票的方式选出最重要的几个，但她突然认识到，照目前状况来看这并不必要。大家讨论出的关键成功因素包括：与客户的持续关系；共同目标；团队合作；清晰的客户细分；积极的大量的反馈意见；线上合作技巧。最后一个似乎是最令她满意的。

苏珊娜甚至不需要请大家对本次会议做出反馈，因为她已经看到大家七嘴八舌热烈讨论的样子了。

“工作中，我最快乐的时候是跟团队一起的时候。大伙儿都非常有趣，总能逗我笑！”丽塔说。

萨拉赞同地点了点头，并补充说与一群持有共同目标的人一起工作是多么愉快啊！

待大家讨论完过往成功的故事之后，苏珊娜将话题重心转向了未来。“大家静一静！在会议结束之前，我还想请大家思考一个问题：我们如何将这些过去的成功因素应用于解决未来的工作问题中？我已经把写着六个成果因素的六张大白纸张贴在墙面上。现在，请大家安静地思考，并把想到的答案写在大白纸上——注意要用清楚、简练的句子，同时请大家把别人的想法进一步深化。”

于是，大家都开始照做。不一会儿，墙上写满了各种各样的答案。虽然这些答案范围很广，有的严肃有的轻松，但大部分都很实际。

“现在，我们有了很多的想法，大家以后可以试着用一用。其中的一些或许比较容易实施，而另一些挑战性比较大。你的任务就是从中选择最喜欢的若干个，为其设计一个大胆三步走计划，为明年的工作加油。大胆，指的是可以造就不一样的成功的行为。三步走，即为具体的行为措施。给大家五分钟的时间，请把你的雄心与实际相结合。”

大家针对“大胆”的意义进行了简短讨论，又开玩笑说迈特一生中从来没有“大胆”过。之后，会场安静了下来，大家进入了思考状态。苏珊娜再次将大家分成三人小组，方便他们分享意见并完善三步走的计划。

大家似乎有很多话要说。他们回顾着过去的成就，从中汲取营养，为明年计划着可行的方案。苏珊娜看到他们自发地开始了小组讨论，很高兴。

“这比去年的励志演讲好多了！”苏珊娜心想。就在此时，她的手机响了，是伯特打来的。伯特生气地说，已经在饭店等了苏珊娜 20 多分钟了。苏珊娜只好赶紧结束本次会议，和销售人员赶往饭店，与伯特一起庆祝一年来取得的成就。

分析：如何完美地进行“点子交换”

苏珊娜使用我们熟悉的 Me–We–Us 工具，启动了本次成功故事工作坊。她首先把本次工作坊的活动安排做了介绍，然后用一个实例解释什么是成功故事，接下来她请大家独立思考自己的成功故事。注意，一定要给到大家时间去想这个问题，不然很难有成效。

在“Me”这个环节结束后，大家分成小组分享故事。此刻的小组讨论创造了一个从“Me”这个阶段过渡的方法，比起更大型的集体讨论较容易被人接受。最后阶段，会邀请一些伙伴自愿上台，跟所有人讲述自己的故事。这里的人数不要太多，因为在四五个故事结束后，大家的精力也消耗得差不多了。时间上的把控对于抓住大家的注意力并保持由成功故事调动的昂扬士气是至关重要的。

之后，苏珊娜请大家开始寻找这些成功故事中的重要因素：为什么这些故事会发生？在这些成功的背后，有什么因素？

于是，大家开始分析自己的案例，还以三人一组开始“偷”别人的点子。这个过程叫作点子交换。这是一个非常有效的交流工具，有助于达成大家对这些点子的共识。

点子交换法

步骤一：个人环节

参与者需要默默地写出自己的想法

步骤二：骄傲地“偷”

在这个环节，引导者需要介绍基本原则，将大家分成三人一组

· 小组内开始骄傲地“偷”

· 将好点子写在自己的纸上

· 分享，聆听并发展这些想法

步骤三：继续“偷”

形成新的三人小组，继续“偷”想法，如此循环若干次

步骤四：精选想法

大家保持三人一组不变，选出最好的想法

· 选择最好的想法

· 尝试与他人达成共识

· 用马克笔把最好的想法写在一张纸上

（注：最好的想法没有数量限制，但不宜过多）

· 一张纸只写一个想法

· 当大家讨论完成后，每组把纸张贴在墙上

步骤五：评估

引导者需要确保大家对墙上的想法都理解了，之后对它们进行评估

工作坊的解决方案阶段使用了一个叫作“艺廊街”的工具。这是一个简单的收集想法的工具。不同于点子交换需要占用近半小时的时间，艺廊街非常快。诚然，因为参与者相互没有沟通，艺廊街在达成理解与共识上有诸多缺陷。但对于苏珊娜而言，达成共识并非目的，她需要的是为团队提供很多想法，让他们选择合适的去运用。

在工作坊的行动计划环节，苏珊娜使用了大胆三步走的工具。根据二八定律，20% 的行为产生了 80% 的结果。可以这样理解，在实现目标的过程中，质量比数量更重要。所以，苏珊娜并不希望团队成员写一长串的行动项，她要求大家专注于产生最大影响的方面，也就是只写那些造就不一样成果的事情。

艺廊街

问题被张贴在房间四周。参与者一边安静地走动，一边阅读问题。参与者可以写下某些问题的答案，也可以进一步思考别人的答案并将其深化。

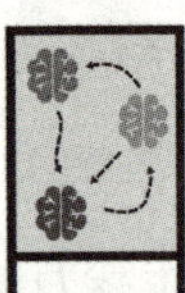

苏珊娜的成功故事工作坊

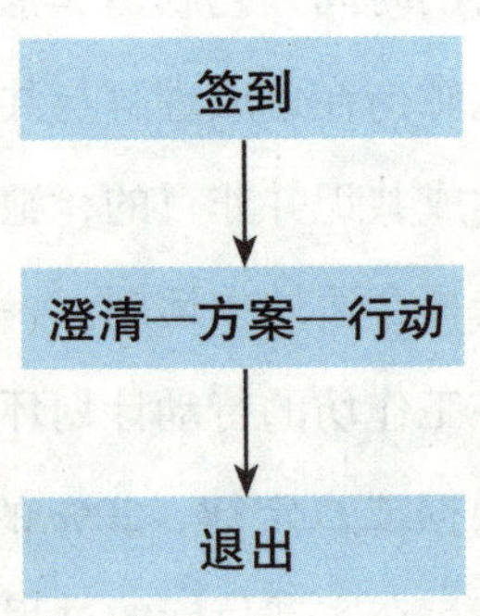

签到

· 介绍流程和目标

· 参会者对于本次工作坊的目标进行简短的评论

澄清

· 参会者独立写下成功故事，在小组范围内分享，并选出最好的几个故事做展示

· 之后，参与者独立写下关键成功因素，三人一组进行讨论和优化。将讨论出的最好的几个想法张贴起来并排序

解决方案

· 将成功因素写在房间四周的白板纸上。小组成员不要讨论，安静地将解决方案写下来

行动

· 参与者选择最喜欢的解决方案，并写出三个大胆的行动步骤

· 小组内对行动步骤进行讨论和进一步拓展

退出

· 每个参与者说一个词，表达对本次工作坊的感受

通过成功故事，销售团队自己想出了成功背后的原因，一切都发生在一片积极热烈的氛围之中。有趣的是，他们的关注点集中在成功因素而非对目前问题的分析。通过提醒人们曾经的成就，我们就为困难情境下的建设性对话和积极态度铺平了道路。

换成线上环境，苏珊娜会用同样的方法进行这个工作坊。Me–We–Us 的活动依然会起到作用。对于解决方案的部分，

苏珊娜会展开若干白板或者开设几间实时讨论室。最后，大胆三步走环节可以通过一个共享的虚拟白板进行。

成功故事工作坊的优劣势与应用范围

优势

· 激发积极的思考，为团队注入活力

· 比起基于问题的工作坊，一个基于成就的工作坊更容易让大家记住讨论结果

· 团队发展的好工具，创造出很好的氛围

· 让大家谈论自己的经历是一件非常有启发的事情

劣势

· 当个人经历与工作坊主题不相关，讲故事这种形式就不能发挥作用

使用范围

· 团队建设与发展

· 回顾或年度总结

· 项目结束或复盘

关键时刻 8：团队发展之庆贺成功

HANDBOOK OF FACILITATIVE LEADERSHIP

第十章

关键时刻 9：进展会议

熟练使用引导型技术

继团队发展工作坊之后，销售团队通力配合，把工作做得非常棒。他们相互帮助，提出的目标都轻轻松松地实现了。每个人都慢慢熟悉了新的工作环境、出差禁令和更高的销售目标。F&L 成了一个让人工作舒心的地方，开心的员工更能让客户满意。伯特对此很满意。

几周过后，伯特想到一个好主意。

于是，他对苏珊娜说："马上就要召开下一个季度会议了，我想了解一下新销售目标的进展情况。请召开一个线上会议，让销售团队的人做一次汇报。"

伯特的突发奇想让苏珊娜又惊又喜。"我们的老板真是一个有创造力的思考者，居然就这样把耗费时间的跟进会议搬到了网上！"苏珊娜绞尽脑汁地想着，想为这个会议取一个好听的名字。"我觉得伯特一定希望能从销售那里得到尽可能多的信息，最好的方法就是设计很多的参与活动。"苏珊娜思考了一段时间，最终确定了会议的名字——进展会议。

在向苏珊娜解释他期望的会议成果时，伯特特别强调了进展会议要复盘过去批准的、公司目标相关的改革措施。毕竟，展开关于目标的月度讨论对于团队保持前进方向正确是非常有益的。这次的会议需要大家审查成功和失败两个方面并听取团队的建议。苏珊娜接受了伯特的要求，答应他会尽力实现。

下班后，苏珊娜带着笔记本电脑来到城市中心的一个咖啡馆，开始设计起了会议流程。伴随着思考，她立刻意识到这次会议的结构依旧要包括如下部分：签到、澄清现状、寻找解决方案、制定行动计划以及退出。苏珊娜还选择了一些热身活动和放松活动。在思考会议内容的时候，她产生一个灵感——力场分析。自从去年秋天的那次培训后，她一直在寻找可以在线上会议上使用这个工具的机会。

力场分析的目的是就现状进行分析并确认有必要发生的变化。很多人常常把它看作类似 SWOT 分析（优劣势分析）的一种用于达成战略目标的工具。

考虑到公司目前的变动非常复杂且造成诸多员工的担忧，苏珊娜觉得这个工具正合适。

第二天，苏珊娜向全体销售人员发出邀请。她向大家保证会高效利用时间并请大家找一个安静的地方加入线上会议。

签 到

本次会议共有 15 个人参与，苏珊娜为此仔细准备了会议介绍。她选择一对一面谈的工作用于签到环节。她让大家两两成组，花几分钟时间讨论对进展会议的期待。之后，每组向所有人分享讨论结果。

苏珊娜向大家展示幻灯片作为一对一面谈的说明

请首先谈一下对本次会议的期待

3 分钟

之后，苏珊娜设计了一个开启视觉的小活动。她拿出一张幻灯片，上面堆满了看起来不相关的图片：一个橡皮鸭、几片云彩、一位交响乐指挥家、一个怒吼的狮子……

“请大家从图片中选出最能描述现在心情的一个，在这个图片上写下自己的名字。之后，请告诉其他人你选择这个图片的原因。”

“我选择了这个在沙滩上独自漫步的忧郁男孩。其实，我目前的心情很沉静，我只是担心关闭圣彼得堡和塞维利亚的两间办公室是否是正确的。”凯文解释道。

“我点击了这个蜘蛛的图片。我担心的是，如果进展会议在线上开，我们真的可以充分讨论问题吗？”

“我选择了咖啡的图片。我现在很镇静，而且身边就有一杯咖啡。”伍尔德玛说。

“我选择了一辆保时捷车。让我们赶紧结束会议吧！我需要赶飞机！”丽塔在屏幕上打出了这样一段话。

“我选择了一幢农场房。因为我正期待周末回家乡旅游。”托尼说。

“我也是！”比利接话道，“所以我选择了一个湖泊的图片。”

立场分析图解

1. 写下积极事件 / 消极事件；成功 / 挑战
2. 对关键点进行排序

立场分析是由库尔特·勒温（Kurt Lewin）创造的一种管理工具，用于情境诊断。当我们需要了解与效果相关的各种因素、计划或实施变革的时候，该工具很有帮助。

他认为任何情境都存在阻力和推动力，它们均对将要发生的变化有影响。

澄清：力场分析

苏珊娜简短地介绍了今天的会议议程，又把今天的话题过了一遍。关于今日的话题，她归结成这样一个问题：在实现目标的举措中，哪些是成功的？哪些很有挑战性的？

在回答这个问题之前，需要回顾曾经在目标实施工作坊中确定的解决方案和行动计划。苏珊娜早已把上次工作坊在白板上写的内容放进了幻灯片里。于是，大家开始阅读。苏珊娜让丽塔在读完一页时喊“结束”，然后让乔治切换到下一页。最后一页是当时总结的行动计划。

接下来，苏珊娜请大家在白板上写下目前哪些事情取得了成功。很多有趣的回复出现在了屏幕上，苏珊娜饶有兴致地看了起来。

“增加了客户拜访量后，客户的满意度提高了。”

“工作心情更加愉悦了，我们的工作质量也提高了。”

“我们在爱沙尼亚找到了新的合作伙伴。”

之后，大家又按照指令，把目前可以改进的目标写在虚拟白板上。这时，苏珊娜发现一些文本的字体很小且颜色很浅，非常影响阅读，所以她帮忙重新输入了一遍，好让大家能轻松识别。记住，一个好的引导者会及时解决虚拟平台上的小瑕疵，以免影响信息传递。

大约有 10 个话题被呈现了出来。苏珊娜解释说，现在需要权衡它们的重要性，大家以投票的形式选出最重要的几个话题。“每人有三个 X，可以放在你认为最值得讨论的话题旁边。好，大家开始吧！”

最后，苏珊娜挑选了两到三个得分最高的话题。在把大家分成小组后，分小组进行进一步探讨。所选话题包括：

1. 保持强劲的增长态势
2. 精简运营
3. 提高员工的幸福度

待这三个话题被写在白板上后，苏珊娜给了大家一刻钟时间休息。

思考解决方法并进行挑选

休息的时候，苏珊娜吃着三明治和咖啡却无心品尝。虽然在线下会议中，她对开放空间的方法非常熟练，但放在线上环境还是第一次。如何在虚拟环境下确保信息的流动和多组讨论处于良好状态？对此，她心存疑惑。好在所有人都及时回到会议中来了，这让她感到轻松了不少。过去的经验让苏珊娜明白，此时大家刚吃过东西，亟须一些能量活动来调动气氛，给大脑注入活力。于是，她决定先玩个游戏再继续开会。

“现在我给大家 30 秒的时间，你需要用 SETIBLMO 这些字母写出单词，看谁写得最多。”苏珊娜对大家说。

“不可能。”敏娜说道。

伍尔德玛写出了“limes”“slot”“bite”“mob”“mobs”“let”这六个单词，是所有人中最多的。苏珊娜对他表示祝贺。这时，大家发现一直没有听到老板伯特的声音，伯特似乎消失了。“亲爱的伯特先生！”苏珊娜大喊。没有人回应。“伯特！”苏珊娜打电话过去找他。“嗯？怎么了？”电话另一头的伯特有些吃惊地回答道。原来伯特已经忘了这只是一个茶歇。苏珊娜特别说明道，以后即使最琐碎的指示都要写在共享的幻灯片上，以防大家中途休息回来后忘记某些细节上的内容。

“休息结束”幻灯片示例

“你回来了吗？”

1. 请回复在下方的聊天框里
2. 请按回车键
3. 请确认你输入的文本已经显示

这时，苏珊娜继续开会，她首先向大家解释了如何通过团队合作寻找解决方案。

“大家应该都记得去年我们用开放空间的方法开展发展讨论会的情形吧？这次，我们还是用同样的工具，但略有不同。请大家为选出的三个话题——保持强劲的增长势头、精简运营、提高员工幸福度——各选出一个代表。该代表的任务是确保这个话题找到最优的方案。在本次会议的下一个阶段，我们会为这些方案制定具体的行动计划。其他人的任务就是为三个话题提供自己的想法，帮助代表们实现目标。在需要的情况下，大

开放空间

开放空间是一种可以同时启动多个话题、让参与者自发组织讨论的会议工具。

1. 每个话题会分配一个代表，负责组织讨论并进行记录。

2. 参与者可以自由在各个话题间移动。

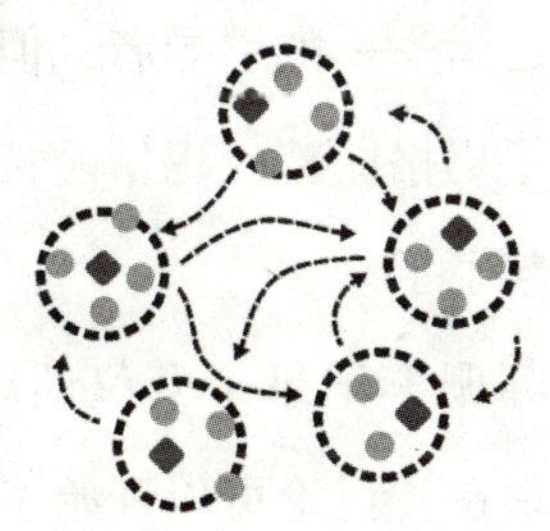

家可以从一个话题转移到另外一个。”

“如果我没有任何想法可以贡献该怎么办？”玛格丽特有点担心地问道。

“首先，你可以选择你觉得最有话说的一个主题。如果你还是没有任何想法，那么也可以不参与进来。”苏珊娜回复道。她心里明白，玛格丽特一定会参与讨论并且最终提出意见。

苏珊娜打开了三个不同的白板，并找了三个“志愿者”引导每个会议。凯文热情地志愿做第一个话题——保持强劲的增长势头——的会议引导者。

“选择这个组对我来说是非常合适的，但我对于第三个话题——提高员工幸福度——也有不少想法。我可以离开自己的组去那个组讨论吗？”凯文问道。“如果你想离开，请先将自己的引导者角色授权给他人。”苏珊娜说。

约翰的脑子里浮现出敏娜在愿景陈述中描述的美景，于是决定志愿去第三组担任引导者。伯特被推荐为第二个话题——精简运营——的引导者，但碍于自己领导的身份，把这个任务推给了玛格丽特。玛格丽特比较低调，正在她犹豫时，丽塔自愿举起了手。

苏珊娜记录了会议话题、引导者名字和每个分会场的号码。现在，讨论可以开始了。

三个组立刻忙碌了起来，白板上满是文字和图画。此时的苏珊娜终于可以休息了，她出去倒了杯咖啡，又返回讨论室观察会议的进展情况。她不断提醒着大家剩余的时间，并鼓励大家多把想法写出来。

这时，她接到了约翰发来的消息，说他的小组对这个员工幸福度的主题理解不足，所以无法找出解决方案。苏珊娜对此给出了建议：“可以从遇到的阻碍开始谈，比如先谈谈员工不开心的原因，然后再进入解决方案的环节。”

玛格丽特指出了第一个阻碍：“我这里说的是自己的感受。我觉得，总部餐厅的那些破旧的椅子让我很烦躁……”

会议继续进行着。一个半小时后，苏珊娜向大家发出信号，让大家用半小时的时间对解决方案进行优先排序。之后，苏珊娜邀请所有人返回主会场，并把第一个话题讨论的白板展示了出来。“现在所有事情都清楚了，并且有了优先排序。”凯文代表他那一组发言了。苏珊娜仔细阅读了这一组提出的方案：在凯文的带领下，大家提出了很多可以立刻开展的计划。她一个个打开其他组的白板来查看内容，然后指导大家把方案从最好到一般进行排序：“最好的方案请标记 1，次好的方案标记 2，以此类推。”

就行动计划达成一致意见

“现在，我们把方案都找到了。下一步，需要团结我们的行动。请大家思考，要实现这个方案，需要哪些步骤：每个人要做什么？时间如何规划？这都是你要想明白的。我们将采取跟上一个环节一样的方法，每个小组的引导人也相同。我已经为 3 个话题分别准备了一个白板，供大家把具体的步骤写下来。”所有人都行动了起来。

一天很快就过去了，会议很成功，具体的行动计划清晰了，将在不久的未来实现一系列的改善局面。然而苏珊娜依然担心大家对行动计划的承诺不足。于是，她用线上投票功能邀请所有人进行投票：“请大家根据对行动的承诺度进行打分，分数为 1 ~ 5 分。”

当看到最终结果时，她吃了一惊：许多人给出了 5 分，少数人给出了 4 分，然而伯特给了 1 分，玛格丽特给了 2 分。苏珊娜顿时感到喉咙有些发干。她明白，如果团队大老板自己

用开放空间完成行动计划环节

可以有若干同时探讨的话题

（3～10 个，依参会人数而定）

角色

· 每个小组的领导者要组织大家为最好的解决方案制定具体的行动计划

· 参与者要首先理解该组的解决方案，然后与小组领导者一起完成讨论目标，就行动达成一致意见。参与者可以选择想加入的小组

开始

· 当讨论主题、讨论场所和小组领导者均确认后，即可开始

结束

· 结束前，要确保所有的行动步骤被所有参与人员检查过。如果能通过行动地图的方式视觉化整个行动过程会更好

都没有太高承诺度的话，整个计划就非常危险了。于是，她赶紧询问他俩的想法，希望可以提高他们的承诺度。

玛格丽特立刻提出，她认为自己的任务太多了。“如果我要做这么多事情，那我直接辞职算了！”她强硬地说道。

伯特也表示了自己的看法，他认为玛格丽特的很多工作其实是财务经理罗宾逊的责任。伯特的回应让玛格丽特冷静了一些。此时，伯特发现他搞错了评分规则，于是赶紧把 1 分改成了 5 分。

问题终于解决了，苏珊娜这才松了口气。

退　出

“现在，我们来到了整场会议的最后一个阶段。我希望每个人能简短地做一个会议评价，请在聊天区域把你们的想法写下来。”

一小部分人在窃窃私语，聊起了中午吃什么的题外话；其他人则开始回顾会议并写下了反馈意见。过了一会儿，屏幕上写满了内容：

推动事情进展的感觉真的太好了！如果有一位引导师对此过程进行现场引导，那就更棒了！

这么长时间的线上会议能够顺利进行让我非常吃惊。更让我惊喜的是，比起面对面的会议，我们达成结果的速度更快！

虽然为了网上开会我们需要多学一点技术上的知识，但这点时间投入是值得的！

在会议的最后，苏珊娜拿出一块设计得很漂亮的幻灯片，上面有一个笑脸，并写着“谢谢大家”四个字。“再次感谢大家参加今天的工作坊！大家积极地参与和努力地思考是会议取得成功的关键。希望你们都能认识到这有多么宝贵。”苏珊娜以此结束了本次会议。

分析：成功的进展会议

三个多小时的进展会议让苏珊娜感到疲惫。大家的讨论涉及了许多重要议题，苏珊娜知道以后的争端和偏离计划的情况一定会发生，对此她已经做好了充分的心理准备。她决定下午离开办公室，前往她最喜欢的咖啡店，在那里把整个会议讨论的内容认真地过一遍。苏珊娜的感觉是，大家首先在充分的讨论中找到了一些方案，并制定了具体的行动计划，取得了小小的成果；之后大家把方案进一步优化，并画出了行动路线地图；最后，会议为未来进一步改善做了铺垫。

就在苏珊娜辗转从办公室去咖啡店的途中，伯特打来了电话。

“嗨，苏珊娜！这次会议你的表现太好了！我想请你去伦敦最好的餐厅吃饭，不知道你现在有时间吗？”

面对伯特的邀请，苏珊娜没有拒绝，但推迟了一个小时——她需要恢复一下精神。

一个半小时后，苏珊娜出现在一家高级的法式餐厅。伯特还专门要了一瓶特选香槟。他对苏珊娜说："我之前算了一下，你的线上引导会议帮助公司省了一大笔钱。如果我们坚持下去，并把更多的发展会议和讨论会放在网上做，我们一年可以节省上万美金的成本！"伯特的表扬让苏珊娜有点不好意思。"而且，我认为应该给你一点奖励和加薪。"伯特一边说着一边递给了苏珊娜一个装有奖励的信封。一切都出乎苏珊娜的意料。"我也是最近才学习了一些引导方法的书。"苏珊娜谦虚地说道。她不敢现在就拆开信封，于是赶快把它放进了包里。"不用这么谦虚，苏珊娜。在你的帮助下，公司的新一轮费用削减可以暂缓了。"

周末终于到来了，苏珊娜邀请了好友乔治一起喝红酒吃奶酪。她想和乔治谈谈最近在做引导工作时的感悟。

"伯特这次将进展会议同目标实施连接在一起，展现出了他的能力。从今往后，我们的月度会议将变成进展会议，将一步步跟进目标实现的程度。"苏珊娜对乔治说，随后又向他解释了这次会议的结构。

进展会议的结构

签到

“和所有会议类型一样，我从签到活动开始。我试图给小组一个签到活动，将他们的注意力引向手头的任务，也就是本次会议。所以我把他们分成两人一组，让他们就会议的想法和思考互相交流。”

乔治若有所思地点了点头：“是的。我明白你做了什么，苏珊娜。但是你不觉得讨论会议期望对于一个开场活动来说可能有点沉重吗？有时，通过玩游戏或参加一个很傻的热身活动，让人们更容易融入会议的流程，这是件好事。”

“这就是我接下来要做的。我给每个人看了一张幻灯片，上面有不同的图片：龙卷风、加油站、雨伞、彩虹……一堆看似随意的东西。然后，我让大家选择一张代表他们对会议态度的照片。这个活动能使会议的气氛变得轻松。当每个人都有机会将自己的想法和情绪与一幅画联系在一起时，每个人都在同一步调上，整个小组对这一天会议的期望也得到了协调。”

“很好，”乔治鼓励道：“我很高兴看到签到阶段成为你的习惯。所有的会议都需要这个阶段来让人们参与进来并集中注意力。这也是在大家都安顿下来的时候消磨时间的好方法，但我相信你已经知道这一点了。”

苏珊娜微笑着点了点头，同意在继续下一个阶段前一个好的会议签到阶段的重要性。

澄清

“在会议开始后展示当前的形势是很重要的。在这里，我在澄清阶段使用了力场分析。”

“啊，力场分析！”乔治已经很热情了，他们甚至还没把酒冷却下来。

苏珊娜解释道：“首先，我们回顾了目标，检查哪里成功了，哪里还面临挑战。然后，我们选择了当前最需要思考的挑战。”

乔治骄傲地向他的朋友点了点头，苏珊娜已经成为虚拟引导专家了。乔治可以想象，F&L 的销售团队在下一次公司调查中，会在管理和激励方面取得最佳的成绩。对于团队成员来说，没有什么比参与决策，在积极的工作氛围中提出自己的变革想法且采取行动更有意义的了。

“力场分析是阐明当前形势的一个很好的工具。”

两人又从冰箱里拿了一瓶葡萄酒对饮。苏珊娜一边喝酒，一边感到非常轻松。凭直觉，她相信已经通过引导帮助老板产生了新的想法，对于如何在虚拟环境下工作和公司发展壮大的问题，伯特应该有了十多个想法了吧！

方案与行动

苏珊娜在她的工作坊里两次使用了一种叫作“开放空间”的小组讨论工具的变体，一次考虑解决方案，另一次考虑具体的可操作步骤。苏珊娜使用的开放空间工具让人们决定他们想谈论的问题。如果他们厌倦了某一方面话题而想在其他方面做出贡献，他们也可以在小组会议之间自由移动。这种工具让人们充分发挥自己的潜能，个人可以完全控制他们谈论的内容和他们如何做出贡献。

在目标实现研讨会上，苏珊娜还使用了一种名为“咖啡馆”的方法来处理许多同时出现的问题。在咖啡馆方法中，主持人系统地让人们围绕着问题进行移动。这样每个参与者都能理解并对每个问题做出贡献。这是非常重要的，因为每个人都需要为成功实现目标做出承诺。

进度会议与目标实现研讨会有些不同。这些会议处理的实际问题并非对每个人都同等重要，或许对某些人根本不重要。这些会议的目的不是寻求承诺，而是寻求实际的解决办法和具体的行动。开放空间技术使参加者能够自我组织，更好地分配资源。这是非常有效的，尤其是当你有许多问题需要专家知识。

在线进展会议的结构

会议前

· 发送邀请给参会者

签到

· 介绍会议日程和目标

· 一对一采访对会议的期待

· 视觉记忆热身：从幻灯片中选择一张最能捕捉你对会议感受的图片

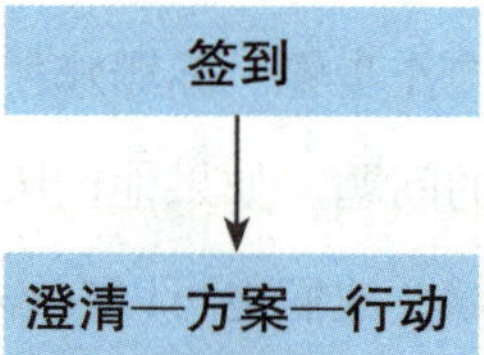

澄清

· 参会者同时在白板上写下成功和挑战之处

· 优选关键挑战

签到

↓

澄清—方案—行动

↓

退出

解决方案

· 多个会议同时进行，每个会议由一人主持，其他人可自由移动

行动计划

· 每次会议的目标是商定具体步骤：什么、谁、何时

退出

· 对于会议和从会议产生的决策和行动进行集体讨论和反馈

退出

苏珊娜对乔治表示了感谢。此时的她又在考虑她的会议的最后阶段，即退出。在这里，她希望从每个参与者那里得到至少一条评论。通过让每个人分享至少一条评论，整个团队获得了成就感、参与感和亲密感。虽然退出阶段是短暂的，不像其他会议阶段那么复杂或沉重，但苏珊娜知道它的重要性不容忽视，无论是什么类型的会议，她都以某种形式的退出阶段来结束。

在面对面的会议中，苏珊娜的工具和工作方式与虚拟会议没有太大区别。在面对面的会议中，苏珊娜喜欢给个人思考

和结对讨论留出大量的时间。这一点在澄清阶段尤为明显，苏珊娜会让团队成员首先单独思考成功和挑战。苏珊娜认为，个人的思考总是能给思想带来深度。其次，她会让人结对讨论并选择想法。当讨论想法时，人们的思路会变得更清晰，更容易区分优先级。

面对面进展会议的结构

签到

· 介绍会议日程和目标
· 一对一采访对会议的预期。请参与者写下并贴出他们的期望。确保期望是相关的

澄清

· 参会者写下自己成功和挑战之处
· 一对一进行讨论，每一对人选择并简报两个关键的成功和挑战
· 在优选之前去掉重复的内容

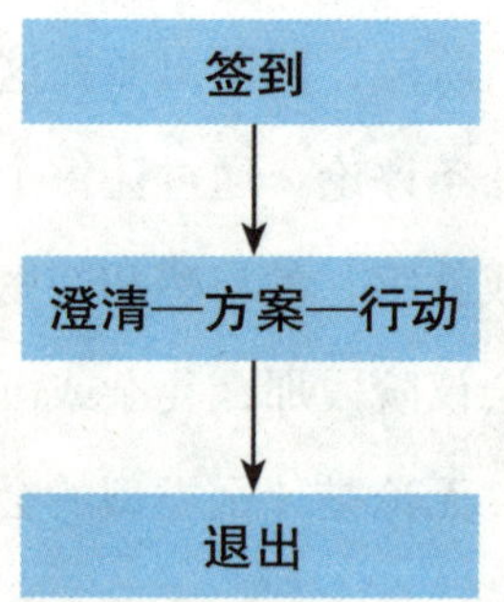

· 优选关键挑战。参会者在他们今天想要解决的挑战处签名

解决方案

· 多个会议同时进行来为优选后的挑战寻找解决方案，每个会议由一人主持，其他人可自由移动

行动计划

· 每次会议的目标是就三个大胆的行动达成共识：什么、谁、何时

退出

· 对于会议和从会议产生的决策和行动进行集体讨论和反馈

这一章的重点是什么？对许多公司来说，进度会议包括会议主席向特定团队或个人发表讲话，而其他人则静静地听着。大多数参与者会感到无聊，并等待轮到他们发言。与会者也可能有机会对解决办法提出建议，但他们没有真正的决策权。

在苏珊娜的进展会议上，所有参与者都写下了他们的成功和挑战。五分钟之内，每个人都清楚了团队的现状。苏珊娜用自己的工作方式打开了所有参与者的眼睛，并邀请他们承担责任。当团队成员了解了现状时，他们能够在不需要领导干预

的情况下设计需要合作的复杂解决方案。

进度会议是创造持续改进的有效工具。这个工作坊可以帮助你的团队重新聚焦，并取得更好的结果！

进展会议的好处、挑战和应用

好处

· 帮助团队成员，包括领导者，看清和理解现在的形势

· 更容易应对高绩效的障碍

· 支持目标的达成

· 节省时间，一次处理所有团队成员的挑战，而不用与每一个员工谈话

· 允许团队成员相互协作，并且一致行动

挑战

· 耗时较多

应用

· 适用于所有主题的进展会议

· 回顾和赋能变革

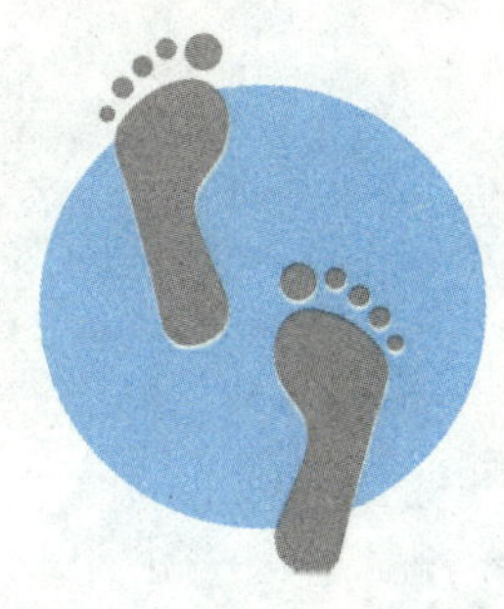

HANDBOOK OF FACILITATIVE LEADERSHIP

第十一章

引导线上会议的六个关键

总结成功虚拟会议的关键点

当人们见面并能够作为一个群体进行互动时，信息就会被分享，个人就会变得更加有见识。这就是为什么这本书一再强调会议的重要性，每一次会议都是一个机会，可以创建一个专注、团结、积极的团队。会议最终是参与其中的人的产物。一方面，一群非常聪明和积极的人可以克服沉闷或有缺陷的会议形式，一起度过富有成效的时间。另一方面，无论采用何种会议形式，一群工作过度、薪酬过低、缺乏兴趣和积极性的员工都可能会遇到困难。不过，有一些关键和技术构成了成功会议的基石，在本书中苏珊娜在虚拟和面对面的会议环境中都使用了它们。这一章专门讨论虚拟会议，因为虚拟会议对许多人来说不太熟悉，而且往往更具挑战性。

人们很容易认为，如果一种技术在面对面的会议中有效，那么它在虚拟会议中也同样有效。这只是部分正确。我们已经看到苏珊娜在面对面和虚拟会议环境中使用的工具。区别在于，因为在面对面的会议环境中根本不存在一些挑战，虚拟会议更难领导。

首先，人们在虚拟环境中的行为与面对面会议中的行为不同。苏珊娜的经验表明，在定期的面对面会议中，不需要太多的规则，人们更愿意参与。他们不需要太多具体的指导或鼓励。仅仅因为坐在同一个房间里，在面对面的会议中，人们也更有责任感。大多数人不想在别人说话的时候表现得很粗鲁，也不想在别人说话的时候明目张胆地做其他事情，所以他们往往会集中注意力。相比之下，虚拟会议的参与者往往是静音的，其他人看不到他们。在虚拟环境中，有上百万种方法可以让你走神。我发现很多时候，人们会因为好意而分心，他们可能会在一个虚拟的演示过程中试图同时处理多项工作，如查收工作邮件等；或者，他们可能在听经理谈论新的愿景时，玩捕捉虚拟小精灵的游戏……无论他们的意图是什么，在虚拟环境中担责的程度要低得多。

其次，领导成功的虚拟会议比面对面的会议需要更多的准备。苏珊娜是一位果断的领导人，她通过给出明确的指示和从会议的一个阶段平稳过渡到下一个阶段来引导小组的注意。但要实现这一点，她需要投入更多的时间在内容创作和组织虚拟会议上。

除了这些挑战之外，虚拟会议与面对面会议相比还有巨大的优势。在虚拟的会议中，人们更务实、更坦率、更有可能坚持自己的立场，为自己的观点而战，而不是盲目地为了达成一致而跟随和同意某件事。虚拟形式似乎还会降低自我意识，这使得会议更多地关注内容，而不是参与者的个性。

苏珊娜注意到六个关键的实践导致了成功的虚拟和面对面的会议：制定基本规则，明确人们在会议中扮演的不同角色（引导者、参与者、演示者等），激活参与者，使用团队记忆，将参与者分成小组，并准备好会议技术（设施）。

虚拟会议最佳实践

- 制定虚拟会议基本规则
- 标识不同的角色，特别是引导者
- 激活参与者
- 使用团队记忆
- 将参与者分成小组

采用这些实践并在会议中经常使用它们，使得虚拟会议引导者的工作更容易，压力更小，技术困难更少，参与者也更放松。

设定基本规则

回想你上学的第一天：新书、小桌子、新朋友和新规则。是的，规则。很有可能，一旦你的老师让每个人都坐下来专心听讲，他们做的第一件事就是列出课堂规则。让学生们明白易懂的规则有助于导出可接受的行为，虚拟会议也同样如此。希望你的与会者比一群小学生更容易控制，但他们也需要规则。通过为虚拟会议参与者列出明确的规则，可以确保您不会对会议期间的意外行为感到意外。

当参与者不在同一地点，由此看不到对方时，同意并坚持一套基本规则就显得更为重要了。对于团队成员应该如何参与以及他们被允许做什么、不被允许做什么，需要制定更严格的规则。苏珊娜举了一个例子：

“我们的销售团队在 F&L 公司已经合作多年。然而，并不是每个人都能认出其他人的电话声音，至少不是所有的时候。有一次，米娜在网上签到一次虚拟会议时就遇到了一件尴尬的事情，她当时在旅途中，有点感冒，感觉不舒服。她的声音听起来很低沉，有人就误以为她是伯特！没人能听出她的声音，在被叫成伯特后，她很尴尬，整个会议也显得有点不太对劲。”

参与者彼此了解越少，人们在讲话前说出自己的名字就越重要。这样就不会相互混淆。在发言前说出自己的名字，也能避免大家互相闲聊，还能让其他参与者平静下来，准备好倾听演讲者要说的话。

苏珊娜最喜欢的虚拟会议实践是 100% 参与。这意味着参加会议的人必须 100% 关注会议中发生的事情。他们需要积极倾听谁在说，说了什么。因为没有人可以查看他们的电子邮件、客户联系人或与客户的实时聊天。在面对面会议中，这条规则不需要解释，因为如果一个人在一个重要的会议上拿出手机在公司其他人面前看新闻，会被认为是不礼貌的。但虚拟会议则不同，许多人在使用互联网的时候打开了多个窗口，而技术是可以处理多个任务的。这意味着这个规则应该被明确地解释多次。

“在我的会议中，不事先通知其他人，没有人可以离开或回来。如果有紧急事情发生，你不得不离开，你必须让其他人知道。专心的参与有助于减轻背景的噪音。为了保证 100% 的参与度，与会人员必须找到一个安静的场所。就在不久前，比利在商务出差时就需要开一个线上会议。在等待航班时，他进入了线上会议中。虽然他选了一个较为安静的地方，但是依然可以听到许多乘客来来回回的脚步声和吵闹声。可以想象，比利没有在会议中表现出完全的专注，其他与会者也能感受到。”苏珊娜向大家解释着规则。

基本规则和清晰的要求需要在任何议题进入展开前得以明示。你作为会议的主持者，希望大家如何对问题进行探讨？你希望讨论占据多少时间？一套基本规则对于防止讨论中出现的混乱，推动与会人按照既定的流程前行，是非常有意义的。

比如，苏珊娜经常用到的一个叫作“线上耐心”的基本规则。它要求大家在召开线上会议的时候，如果遇到突然事故，比如电池没电了、线上连接断了或者软件罢工了等，大家要具备一定的耐心，不要惊慌，相信会议主持人会及时解决这些问题。

明确不同的角色并进行分配

引导者的定义让我们知道，引导者是只关注会议流程且对会议内容保持中立的会议领导人。毕竟，一个人无法在沉浸于会议内容的同时，有效地把控会议进行的方向。如果两者同时发生，在大部分情况下，此人将陷于争论的泥潭，被讨论的内容困住，对周边发生的一切置若罔闻。苏珊娜在书中了解到，在典型的由领导人主持的会议上，70% 的时间都是领导人一个人在讲，这导致他们的想法无法与其他人的形成连接。显然，这样的会议产生的方案是无法直接落实的，或者说由此产生的“成果”并不能帮助与会者做出决定。设定一个引导者，让其远离会议内容本身，可以很好地解决这个问题。如果说，引导者在面对面会议中起到了神奇的作用，那么在线上会议中更是如此：毕竟，技术本身对会议的进行提出了挑战。为了保证线上会议按计划一步步推进，为了让与会人员全身心地投入会议中，必须设定一个引导者的角色，并让其对会议流程进行仔细安排。

一个成功的会议还有其他几个重要角色：“讲解者”，负责向大家解释要探究的话题及内容；“会议小秘书”，负责做笔记并及时将记录发送给与会者；另外，我们还推荐设置一个“技术支持员”，负责解决会议中突发的各种技术问题，以免引导者分心。

调动参与者的积极性

没有热情和积极性，不会成就任何有价值的事情。这句话适用于会议引导者和参与者。引导者需要让会议具备目的性和参与性；要为会议预先制定计划并在现场满怀信心地执行；当指引大家按照既定流程完成各项任务时，需要展现自己的果断。除此之外，正确地规划会议结构也非常重要。当会议中有一段较长时间的讲解时,应该在之后安排一个短暂的休息时间。对于单纯的听讲而言，集中精力听半个小时已经算是较长的时间了。当大家休息回来时，为了让大家找回注意力，建议使用一些活跃气氛的工具开场。比如，游戏、投票或一个聊天话题。

使用“团队记忆”工具

团队记忆可以存储大家在讨论中或者头脑风暴中想出的好主意。通过记录这些想法，并把它们展示给所有人，就会引发新一轮的讨论。简单地说，团队记忆就是把讨论的重点信息记录下来，并让所有与会者注意到的一种方法。它能确保要点不会被忽视并进一步增强了对话。人们只能在一段时间内记住一部分事情，所以将想法写下来、让思路可视化，就是对大脑的进一步延伸。这也就是团队记忆的作用。对于与会人而言，让他们感觉到自己是被倾听的，也有助于调动他们的参与性，更好地为讨论做贡献。这也是更好地让团队解决争端的方法。当敏感问题被记录下来并呈现在公众面前时，它们就变得不那么针对个人了，也让所有参与人更加客观地思考。

“伯特同意我买一套视频会议设备。正当我在确认设备运行状态时，我发现这套设备没有提供在共享空间记录所有人的想法的功能，也就没办法对所有想法进行优选并集体决策。

用这套设备会失去会议的聚焦点！”苏珊娜决定把这套价格不菲的设备放在一边。视频会议虽然允许大家看到彼此，但比起使用团队记忆的重要性而言，显然可以忽略不计。

用小组的方式讨论，时刻留心能量变化

苏珊娜发现，使用小组讨论的方法对于推动大家的积极性是非常有效的。当一个组的人数比较多时，通常会遇到少数人在讲、其他人在默默地听的情况，甚至有时他们只是假装在听。当组员数大于 15 个人时，大家的能量水平明显下降。虽然把越多的人放在一起，大家的信息资源库会越大，但是随之锐减的是组员的专注度、能量水平和集体智慧。可以在会议的最后或集体决定做出后，用小组的形式，讨论每个人的行动计划。另外，在两两结对或三四人的小组里，组员更容易表达自己的想法，不会感到压力。在线上环境中，即使五人小组也足够影响能量水平。苏珊娜一般是规定三人一组，这是她心中的“魔力数字”。

让自己做好准备并检查设备

苏珊娜是一个优秀的引导师。事实上，说到规划会议流程，她甚至很有变革精神。“如果准备充分，所有失败的会议都可以被拯救。如果会议主持人多多思考想要通过会议达到的目标，会议的流程以及采用的方法，与会人员就能收到清晰的指示。当会议实现了预定目标时，人们的心态也会得到改善。当大家的工作变得更加高效更有创新的时候，大家的挫败感会随之减少。”

周全的准备对于线上引导会议尤其重要，其中最重要的几项任务包括：设计每个环节的内容并进行时间规划、选择引导工具、准备信息展示、熟悉电脑操作等。苏珊娜的会议流程一般包括三个阶段：澄清问题、解决方案和行动计划。

每个阶段都需要创造想法并对其进行挑选。苏珊娜需要选择有效的方式。比如，在进展会议中的澄清问题环节，参与者首先在白板上罗列出成功和挑战，然后用叉号（×）标记最重要的三个挑战。最后，她需要对会议时间进行确认：计划中的活动在时间上合适吗？是否有时间解答大家的问题？是否有休息时间？是否对突发状况，如技术问题、迟到等留出空余时间？

为工作坊留出足够的时间是非常必要的。一般而言，本书提到的由三个阶段组成的引导工作坊需要三个半小时。线上需要更少时间，一般在两个半小时。这或许是因为线上人们的精力会更加集中，并且可以用更快的速度成立小组。

我相信，此刻有很多读者正在抱怨，比起常规会议，这些准备工作和三个阶段的结构占用了太长时间。这虽然是事实，但好的一面是，这样的过程可以让大家对会议内容有更深入的理解，并且赢得了大家的承诺，也为大家在下一步工作中发挥自主性提供了条件。大家还记得苏珊娜如何指导大家在确定行动方案的时候，关注质量而不是数量吗？其实道理是一样的。组织一个高质量的会议需要更多的时间，所以你需要一边减少会议频率，一边通过设计，让会议变得更加有效而富有参与性。

除了选择合适的流程和工具外，苏珊娜还要确认设备和软件层面的可操作性。软件是否具备将参会人员分成小组，放在不同聊天室交流的功能？是否自带暖场活动？自行检查设备的过程也让她进一步熟悉了技术问题，便于她解决会议过程中出现的问题。

苏珊娜设计工作坊或会议的方法

· 选择处于哪个阶段

澄清问题　　解决方案　　行动计划

· 选择每个阶段的执行方式

· 对会议的开始、休息、能量活动和结束做计划

· 检查时间计划

熟练的技术操作是会议稳定进行的保障，但这并不意味着引导师要成为 IT 专家。最好的解决办法是为所有潜在的风险提供后备方案。对于后备方案的重要性，苏珊娜是在引导一次由英国贸易部部长出席的会议中意识到的。“那一天，我们的线上会议系统突然出现了故障。好在我开会的时候带上了技术支持部的一名同事，临时找到了新的系统。会议仅仅推迟了 15 分钟。”为防备电池用完、电脑宕机以及引导者不得不离开会议的情况，带一套备用设备是个好主意。备用电池和笔记

本电脑，甚至是一位替代你的引导师都是可以考虑的，以防意外情况发生。

苏珊娜的一条最佳实践是在他们首次线上虚拟会议前所有参与者都提前技术签到。由于防火墙、弹出拦截程序以及其他原因会引发成经常性的技术问题。如果会议开始时，15 个参会人员中有三个人碰到了技术问题，引导者就很难同时解决他们的问题，而剩下的人也只能无奈地等待。这也是为什么要在前一天预先进行技术签到的原因。

现在我们知道了虚拟情境下的最佳实践。它们也同样适用于线下面对面的会议中。那它们的差别在哪里？对了，在虚拟环境中参与者看不到彼此，而技术问题潜伏在每个角落，这些实践就显得更重要了。

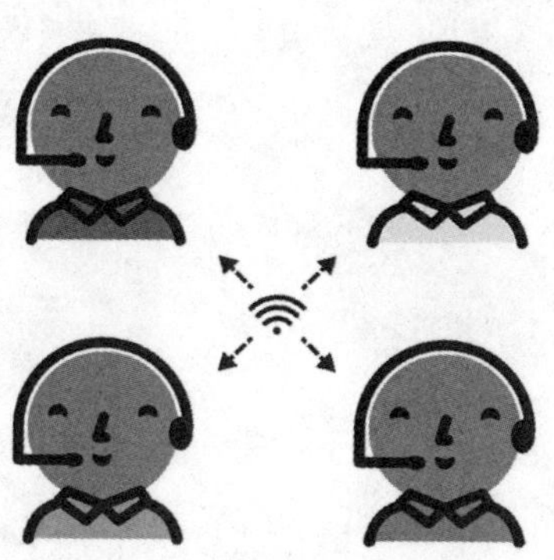

HANDBOOK OF FACILITATIVE LEADERSHIP

第十二章

系统领导力和促进团队绩效

成为真正的引导型领导者

我们在本书开始时讨论了引导型领导，在同一时间和地点引导团队的参与式实践方法。人们在团队情境下接纳和适应变化的速度会加快，比如一个人人参与并相互交流的周例会。想想如果一个想法或文化变革只靠单对单传播，一次只告诉一个人，那得花多少时间……有时，这就像汉语耳语接龙游戏，随着信息在整个组织内传播，信息最初的意思可能已经被完全歪曲了。

苏珊娜作为一个真正的计划者，已经有意识地系统组织了她自己的领导活动，所运用的工具想必您现在也很熟悉了。

苏珊娜的领导活动

- 启动会议
- 实施目标
- 引导支持目标实施
- 问题解决工作坊
- 关键影响人沟通计划
- 团队发展：提升相互协作
商定基本原则
庆祝成功
- 项目进展会议

要把所有这些活动用起来，你可能会感到无从下手，这时你可以用到一个工具：年度引导循环（如图 12-1 所示）。

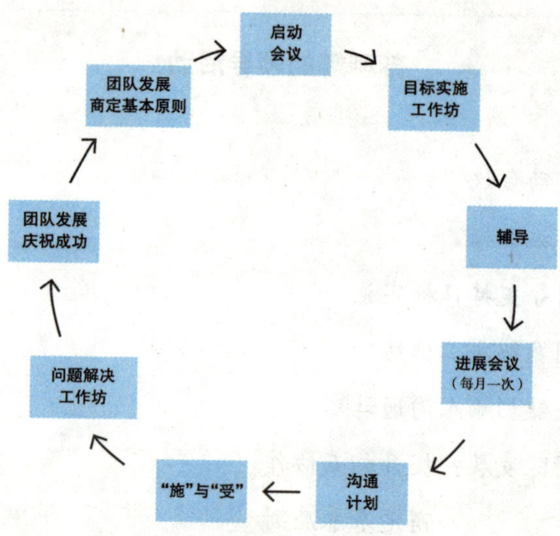

图 12-1　苏珊娜的年度引导循环

年度引导循环

苏珊娜每次设计她的会议都是非常仔细的。每个过程她都细心安排，以从团队中得到最大的收获。她年度的日程安排也如是计划和安排，以实现产出最大化。

苏珊娜每年首先要做的事情之一就是启动会议。苏珊娜通过启动会议让团队认同新目标并开始行动。这也正是启动会议想要达成的；它让参与者知道新目标的同时也帮助大家理解和认同目标。

启动会议几周后，当团队熟悉了目标，然后开始思考如何落地时，苏珊娜会召开一次目标实施工作坊来制定实现目标的具体行动计划。

苏珊娜与每一位团队成员都有一次辅导环节。继目标实施工作坊之后，辅导环节会让每一位团队成员进一步强化目标。作为团队的管理者，苏珊娜觉得目标实施工作坊和辅导环节是影响个人最重要的领导机会，也把目标落到实处。

苏珊娜每个月也会召开一次项目进展会议。项目进展会议对于监督共识决策的执行情况来说再合适不过了。项目进展会议对正在实施的新目标的成果和总体情况进行检查。它们就像体检，为参与者提供了绝好的机会看清现在的情况并协调一致。项目进展会议的关键是积极参与，这样就能让每个参与者对采取行动做出承诺。

基于以上所有的会议，她会制定新的沟通计划来将工作职责授予相关人员，并于每年都举行施与受的讨论活动。此外，只要有需要就会举办几次问题解决工作坊或创建新基本原则的会议。年底，她会邀请大家参加派对庆祝成功，当然这是个虚拟派对。她的虚拟派对没什么特别的，一般只有一小时。但是让团队聚在一起，在开心的氛围中庆祝和纯粹地聊天也是非常重要的。

苏珊娜发现遵循年度引导循环让她很受用。但也要注意在遵循这个循环时不要过于死板，这也会导致问题的产生。如果苏珊娜想当然认为某些类型的会议就应该在某些时候开，她可能会忽略团队和公司的需求。事实是年度引导循环对于构建团队整体的发展和领导力项目很管用，但当紧急需求出现时，领导也要能打破这个循环。当一个问题或情况出现就需要召开会议，而不仅仅是遵循年度引导循环。这个循环的价值在于如何系统化地带领团队向目标前进。

在伦敦东区的一家咖啡店，苏珊娜正与她的引导师朋友乔治愉快地品尝着咖啡。苏珊娜告诉乔治她在一年的周期内系统化组织会议的方式。“我对每个月的项目进展会议特别满意。项目进展会议让大家都聚焦在目标上，而我们有很多问题都需要专注力。”苏珊娜说道。

乔治微笑着赞扬苏珊娜：“我为你所做的感到骄傲。你有一个清晰的系统帮助你，而最让我印象深刻的是在虚拟环境中你也能做到这一切！”

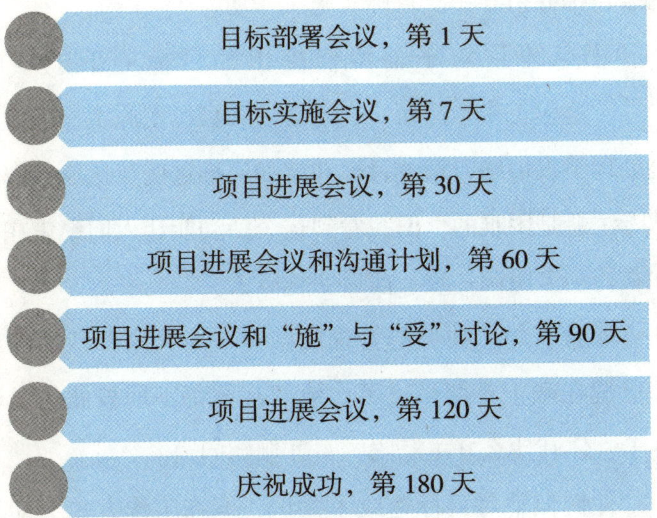

图 12-2 团队绩效加速器

乔治继续说道：“我也用这些同样的工具来促进团队绩效。你我方式上的差别在于，我和团队在一块儿的时间有限，一般也就六个月左右。但我也有足够的机会运用所有这些活动和工具来发展他们的绩效。”

“哇呜，听起来很有趣，再跟我说说！”苏珊娜说道。

“我的客户是全球化的团队，但通常他们没有充分发挥出各自的潜能。我用了一个叫作“团队绩效加速器”的模型来帮助他们专注在自己的目标上。首先，我与他们的老大就具体的团队目标达成一致，这个世界上伯特还是很多的。其次，我会部署目标并引导一次目标实施工作坊。”

“团队也许对于伯特们提出的目标一下子难以接受？”“这很正常。然而，启动会议和目标实施工作坊能帮助他们处理消极情绪，理解目标并就如何推进变革达成共识。让团队专注总是困难的，但我看到这个活动能让人们聚焦在目标上并在行动上协调一致，前后变化巨大。”

“非常有趣。我们的管理团队有一个大家都认同的新战略，但现在截止日期早过了，他们甚至都不回彼此的电话和邮件了。你有什么好主意吗？”苏珊娜问道。

“他们似乎对目标达成了共识，但在工作方式上却没有达成一致。你可以试着为这些人安排一个虚拟的进度会议。首先，你要看看这个策略有什么进展，然后你把当前所有的挑战写在白板上。最后，让他们为他们的挑战提出解决方案。他们应该足够聪明，至少能够想出一些如何保持联系的解决方案。进度会议是领导和支持高绩效的关键因素。”

乔治对这个话题很感兴趣，继续聊个不停：“我也会使用其他的团队活动！我的团队有解决问题的会议，他们制定沟通计划，我为经理们进行教练环节，我会引导需求和可提供的帮助的协商。有一个全球 IT 团队存在真正的信任问题。这个团队的成功有赖于国际间的合作，但实际上，法国、德国和美国团队只是在各自的国家内工作。我要求团队成员通过使用需求和可提供的帮助的协商来与‘外来者’建立联系。他们被分成两人一组，被迫与小圈子之外的人交谈。一旦他们这么做了，他们就意识到其他人能给他们什么以及他们能给出什么作为回报。”

“乔治，这听起来是个好主意。你遇到过什么问题都没有的团队吗？”

“当然，确实碰到过。有许多高绩效的团队工作得很好，甚至习惯于解决各种挑战。但有趣的是，所有的团队都会在某个时候感到疲惫，这些团队需要不断更新自己，以保持高效。”

“我想你也有应对这种情况的工具，对吧？”

“这时，你可以开始一个新的绩效提升循环。你为他们创建新的具有挑战性的目标，发展他们的工作方式，或者通过一个问题解决研讨会让他们更好地了解市场和内部挑战。任何稍微改变一下，让团队脱离常规的事情都会很好。”

“谢谢你，乔治。关于如何使用不同的工具来提高团队绩效，这是一个很好的介绍。但是要小心，以我目前的学习速度，你可能会在商业咨询领域遇到一个新的强劲的竞争对手了。”

回顾与展望

苏珊娜回顾了她的领导力之旅。对于如何将基本的领导工具应用到面对面和虚拟的工作环境中，她学到了很多，而且所需的技术似乎没有任何限制。

在她的学习之旅中，苏珊娜亲身体验了引导式领导的好处。没有人喜欢被颐指气使，即使这是你工作的一部分。引导式领导消除了这一点。首先，参与决策增加了员工的承诺和积极性。其次，它增加了创造力和创新。当员工有机会一起讨论重要的事情时，新的创新和工作方式就诞生了。最后，研讨会帮助人们更好地协调他们的任务和日常工作活动，从而产生更高成就的团队。

苏珊娜觉得她走在了正确的道路上，她新的引导式领导风格正在发挥作用。但她能确定吗？

领导循环并不容易，它需要大量的工作和组织，苏珊娜想知道她是否成功地做到了。就像她在有疑问时经常做的一样，

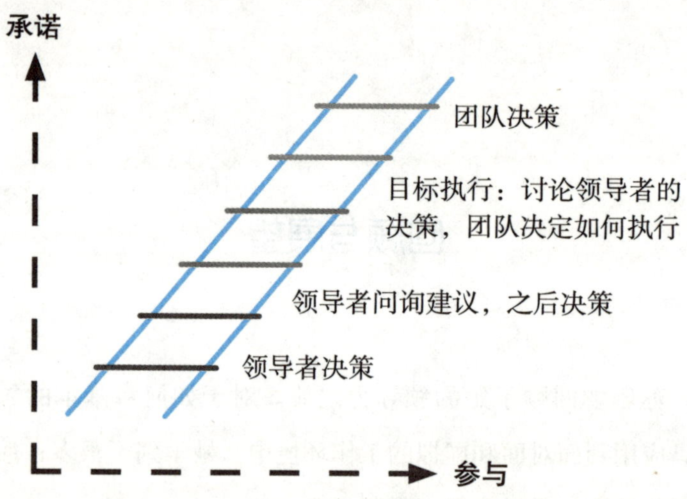

图 12-3　参与创造承诺

苏珊娜给乔治打了电话。

“还记得我们谈过狮子杀死老虎的事吗？”

乔治笑了，他很高兴接到苏珊娜的电话：“我当然知道。如果我没记错的话，这是一次重要的谈话。”

“你说得对，这很重要，尽管我当时没有意识到。我打电话来是想问你一个奇怪的问题。我已经尽力像狮子一样去领导：保持平衡，团结一致，领导一个有决断力的团队，我想我做到了。”

“我也这么认为，苏珊娜。”

“我看到了结果：团队更加专注和独立。此外，我们得到了好得多的财务结果。但是，团队成员在和我争论，他们之间似乎也有更多的冲突。我做的每件事真的都对吗？”

乔治笑了笑，他能体会到苏珊娜的犹疑。

“我再告诉你一件关于狮子的事，苏珊娜。它们总是很自信。你能想象狮子表现得胆小或不自信吗？”

除了《绿野仙踪》中的狮子，苏珊娜想象不出别的。

“苏珊娜，我不是说你不应该反思自己作为领导者的表现。事实上，你质疑一下自己是件好事。你已经授权了你的团队，现在团队成员对他们正在做的事情感到自信。在你的团队成员来寻求你的指导之前，他们知道去哪里，该做什么。自信的和被赋能的人会尝试他们的极限和边界。这是民主的消极一面，也是许多人害怕赋权的原因。但我想说的是，即使狮子有时会打架，它们也有计划，它们会一起工作。这会引导他们走向成功。”

“乔治，我能做些什么来驯服我的狮子呢？”

“当然有。你可以帮助他们建立基本的合作规则。但是，被授权的团队成员往往比在等级制度下工作的人更容易产生冲突，因为他们认为自己有权实现自己的想法。人们有很多想法，有时它们是相互冲突的。这就是生活的现实。”

苏珊娜突然明白了："我有我的计划，我只要回到我的团队绩效提升计划和信任我的团队……。"

乔治很高兴。听到苏珊娜反思她的疑惑，然后意识到她自己有解决这些疑惑和加强她的领导能力的工具，这向乔治表明苏珊娜确实是一个好学生，一个有前途的引导型领导者。

致 谢

我不是独自完成本书的，那是无法完成的任务。本书的内容是与我的同事 Piritta van der Beek，Miikka Penttinen，Kari Kukkola 和 Jonas Lindström 一起开发完成的。我也收到了来自众多组织发展领域的卓越教授所提供的实用建议，他们包括 Amanda Stott，Nina Laaksonen，Yue Jiao Dong，and Jean-Philippe Poupard。Andrew Ullom，在我撰写和修订本书的过程中给予了专业支持。最后，书中所有的实践方式和方法都是由参与我的工作坊的学员一同提炼并加以验证的。

读书笔记

读书笔记

读书笔记

读书笔记

读书笔记

读书笔记

让我们一起读书吧，智读汇邀您呈现精彩好笔记

—智读汇一起读书俱乐部读书笔记征稿启事—

亲爱的书友：

感谢您对智读汇及智读汇·名师书苑签约作者的支持和鼓励，很高兴与您在书海中相遇。我们倡导学以致用、知行合一，特别打造一起读书，推出互联网时代学习与成长群。通过从读书到微课分享到线下课程与入企辅导等全方位、立体化的尊贵服务，助您突破阅读、卓越成长！

书 好书是俊杰之士的心血，智读汇为您精选上品好书。

课 首创图书售后服务，关注公众号、加入读者社群即可收听/收看作者精彩微课还有线上读书活动，聆听作者与书友互动分享。

社群 圣贤曰："物以类聚，人以群分。"这是购买、阅读好书的书友专享社群，以书会友，无限可能。

在此，我们诚挚地向您发出邀请：请您将本书的读书笔记发给我们。

同时，如果您还有珍藏的好书，并为之记录读书心得与感悟；如果你在阅读的旅程中也有一份感动与收获；如果你也和我们一样，与书为友、与书为伴……欢迎您和我们一起，为更多书友呈现精彩的读书笔记。

笔记要求：经管、社科或人文类图书原创读书笔记，字数 2000 字以上。

一起读书进社群、读书笔记投稿微信：zhiduhui9

读书笔记被"智读汇"公众号选用即回馈精美图书 1 本（包邮）。

智读汇系列精品图书诚征优质书稿

智读汇云学习生态出版中心是以"内容 +"为核心理念的教育图书出版和传播平台，与出版社及社会各界强强联手，整合一流的内容资源，多年来在业内享有良好的信誉和口碑。本出版中心是《培训》杂志理事单位，及众多培训机构、讲师平台、商会和行业协会图书出版支持单位。

向致力于为中国企业发展奉献智慧，提供培训与咨询的**培训师、咨询师，优秀的创业型企业、企业家和社会各界名流**诚征优质书稿和全媒体出版计划，同时承接讲师课程价值塑造及企业品牌形象的**视频微课、音像光盘、微电影、电视讲座、创业史纪录片、动画宣传**等。

出版咨询：13816981508，15921181308（兼微信）

— 智读汇书苑 080 —

关注回复 080 **试读本** 抢先看

● 更多精彩好课内容请登录 智读汇网：www.zduhui.com